人間関係形成能力を育てる

学級経営

365日ガイドブック 6年

赤坂真二 著
髙橋朋彦

明治図書

シリーズ発刊に寄せて

　これは学級づくりのマニュアル本でも教室の人間関係づくりのハウトゥ本でもありません。子どもの人間関係形成能力を育成するためのガイドブックです。

　今なぜ人間関係形成能力なのでしょうか。人間関係形成能力は，人とのつながりや信頼関係を構築する能力のことといわれます。コロナ禍で一般社会では，テレワークが導入される中で，これまで以上に人と人のコミュニケーション不足や，コミュニケーションの取り方について考えさせられた人たちが多くいたことでしょう。それは学校現場でも同じだったのではないでしょうか。

　人間関係形成能力は，学習指導要領が改訂されて，対話，協働と盛んにいわれるようになって注目の度合いが増しました。多様な他者の考えや立場を理解し，相手の意見を聴いて自分の考えを正確に伝えることができるとともに，自分の置かれている状況を受け止め，役割を果たしつつ他者と協力・協働して社会に参画し，今後の社会を積極的に形成することができる，こうした能力が社会で求められるようになってきているからです。

　優秀なビジネスパーソンの共通点として，対人関係能力，人間関係構築力が優れていることも挙げられます。良好な人間関係を築くことでビジネスもうまくいきます。現代はチーム力の時代といわれます。人間関係が良好であればコミュニケーションが活発となり，情報も多く共有できるでしょう。ビジネスパーソンと表現すると，大手企業のエリート社員のことだと誤解されるかもしれませんが，広く会社員，個人事業主，フリーランスの方々を含みます。ビジネスに関わる方々が口を揃えて言うことは，「仕事はご縁でやってくる」ということです。

クライアントや顧客との信頼関係を築くためにも，人間関係形成能力が活かされます。彼らの状況を良く理解して話を聞くことができれば，相手のニーズに合わせることができるでしょう。困った時などにもきちんと対応することができ，信頼性が高まります。信頼関係を築くことで，彼らと深く継続的につながることができ，多くのクライアントや顧客を得ることができるようにもなるでしょう。

　もちろん，子どもたち全てがビジネスパーソンになるわけではありませんが，豊かな人間関係が幸せをもたらすことに対して疑念を抱く人はそう多くはないのではないでしょうか。豊かな人間関係を築く力は，生きる力であり，私たちが幸せになるための必須条件と言えるでしょう。愛する子どもたちの幸せになる力の育成に寄与できるだけでなく，本シリーズにはもう一つ大きなメリットがあります。
　人間関係形成能力は，単なるつながるスキルを身に付ければいいというものではありません。愛を伝えるスキルを学んでも，そこに愛がなかったら愛は伝わりません。同様に，スキルをホンモノにするためには，根底の考え方が伴っていることが必要です。本シリーズには，なぜそれをすると人間関係形成能力が身に付くのかという基本的な考え方も示されています。それを知ることで，指導する教師自身も幸せな生き方を学ぶことができます。

　だから，「私，ちょっと人間関係苦手かも」と感じている方こそ，手にとって実践することで，子どもたちと共につながり上手になっていくことができるでしょう。だからこその365日なのです。人間関係形成能力は１日にしてならず，なのです。本シリーズを小脇に抱えて，試行錯誤を繰り返してみてください。きっと，本シリーズは心強い学級経営の伴走者になってくれるはずです。
　クラスの安定は，子どもたちのつながりの質と量によって決まります。他者とつながる力を付けた子どもが増えれば増えるほど，学級は安定するので

す。しかし，クラスには，様々な事情で人とつながるのが苦手な子がいます。いいのです。みんなみんな同じ能力をもつ必要はありません。また，教師がしゃかりきになって，その子と他の子をつなげようとしなくてもかまいません。つながる力をもつ子が多くなれば，誰かがつながってくれます。教師はその様子を見付けて，にっこり微笑んで喜ぶことで，子どもたちはつながることの価値を学ぶことでしょう。

　そうした意味で，本シリーズはこれまでの，教師が子どもをつなげてまとめようとするクラスづくりから，子どもたちのつながる力を育てることによって学びやすく居心地のいいクラスづくりへと発想の転換を促す「挑戦の書」でもあります。

　本シリーズは3章構成になっています。第1章は，日本人の幸福感とつながりの関係を国際調査の結果等を踏まえながら，人間関係形成能力の育成の必要性を考察します。驚くようなというか日本人として心配になるような結果が示されています。第2章は，各学年を担当する執筆者たちの人間関係形成能力をどう捉え，どのように育成していくのかという基本的な考え方が示されています。第3章は，その考え方に基づく1年間にわたる実践です。すぐに実践編を読みたくなると思います。とても力強い実践群です。しかし，それを本質的に理解するためには，第2章を必ずお読みいただければと思います。

　各学年を担当するのは，1年生，北森恵氏，2年生，岡田順子氏，3年生，松下崇氏，4年生，深井正道氏，5年生，宇野弘恵氏，6年生，髙橋朋彦氏です。勉強なさっている方なら，彼らのお名前をどこかでお聞きになったことがあるのではないでしょうか。お気付きになっている方もいるかもしれませんが，2022年3月に発刊した『個別最適な学び×協働的な学びを実現する学級経営』の執筆メンバーです。この書籍は，私がメンバーにインタビューし，それをまとめたものですが，頁数の関係でかなりの内容を泣く泣くカッ

トしました。そこでぜひ，この素晴らしい実践を，時系列で年間を通じた形でお伝えしたいと思い本シリーズが実現しました。

北森恵氏は，これまで多くの崩壊したクラスを立て直してきました。現在の勤務校では，UDL（Universal Design for Learning）を実践し，校内を巻きこんで個別最適な学びと協働的な学びの実現に尽力中です。

岡田順子氏は，大学院で協同学習における対人技能学習の効果を研究しました。前任校の新潟大学附属長岡小学校勤務時には，いくつもの学級経営の講座を担当し，学級経営に関する情報発信をしてきました。

松下崇氏は，若い頃から教育サークルを立ち上げ，仲間と共に力量を高めることに邁進してきました。なかなか共有の難しい自治的集団の育成ですが，長年の探究に基づく発信で注目されています。

深井正道氏は，30代前半で都心部の学校の研究主任に抜擢され，学級活動と教科指導を連動させた独自の研究を進めてきました。保護者，地域を巻きこみ子どもの自尊感情を高めた研究は高く評価されました。

宇野弘恵氏は，数多くの書を発刊しているので多くの方がお名前をご存知でしょう。ご自身では感覚的と言いますが，その実に緻密で周到な学級経営，授業づくりは，著書の読者や講座の参加者を唸らせています。

髙橋朋彦氏も，明治図書の『ちょこっと』シリーズや算数の指導に関する書籍でよく知られています。明快な文章で繰り出される本質を突いた提言は，これまで積み重ねてきた圧倒的な勉強量を感じさせます。

原稿執筆段階では，SNSで執筆者グループを作り，原稿がアップされる度に拝読していました。どれもこれも濃密かつ秀逸で，一刻も早く皆さんにお届けしたいと思うものばかりでした。是非，本シリーズを活用され，子どもたちの人間関係形成能力の育成に役立てていただきたいと思っております。

2024年3月　赤坂真二

まえがき

「この子，本当にすごいな…」

　何年もこの仕事をしていると，本当に小学生なのか疑いたくなるくらい，人として尊敬できる子と出会うことがあります。

　数年前に私が担任した女の子は，色々なことに前向きで，友達に対して優しく，とても明るい子でした。リーダーとして活躍する場面もたくさんあり，ユーモアのあふれる企画や，学級全体をまとめあげる力は見事でした。他の子がリーダーになった時は，自分は目立たないように立ち振る舞い，さりげなくリーダーを助けていました。もちろん，自分の手柄を主張することはありません。他の子がリーダーとして活躍できたことに心の底から喜んでいました。

　その子は，**人とつながる力**が優れている子でした。

　人とつながる力が優れているからこそ，周りから信頼され，周りを巻き込みながら自分の力を発揮して学級をよくしていく。そんなことができる子でした。私はこの子の人とつながる力のルーツを
　（生まれ持った才能か？　それとも家庭教育の力か？）
と，探ってみたのですが，最後までわからずじまいでした。

　数年後，私の住む地域のお祭りで，高校生となった彼女と再会しました。再会するやいなや，彼女はこんな嬉しいことを言ってくれました。

「先生！私は今，大学生と協力して地域を活性化させるボランティアをしているんです。先生から教えてもらった**前向きな言葉**と**人との関わり方**が今でも本当に役に立っているんです。本当にありがとうございました！」

　人とつながる力の高い彼女の言葉です。きっと，数年ぶりに会った私を喜ばせるために言ってくれたのでしょう。それでも彼女は，私から学んだ**前向きな言葉**と**人との関わり方**が今でも役に立っていると目を輝かせながら言ってくれたのです。私が担任したのはたった1年間。どこまで影響があったかわかりませんが，人とつながる力が高まり，役に立っていると実感してくれているようです。

　それにしても，高校生が大学生と協力して地域の活性化だなんて本当にすごいですよね。自分の住む地域以外も活性化させようと高い志に向かっていく姿と，自分より何歳も年上の大学生と一緒に活動して人とつながる力を発揮している彼女は本当に眩しく，人として尊敬できる子のまんまでした。

　学校にはいろんな子が通っています。彼女のように，人とつながる力をいつ身につけたか実感できる子もいるでしょう。知らずと実感しないままに人とつながる力を身につけている子もいるでしょう。どちらにしても，人とつながる力を身につけることが子ども達の幸せにつながるという，9年間の義務教育の可能性を感じました。

　本書は，赤坂真二先生のご教示のもと，「つながる力」をもとに自分の学級経営を見直し，まとめ上げた1冊になります。赤坂先生からの学びは大きく，これからの学級経営にも大きな影響を与えてくれました。私の学びの成果がみなさんのお役に少しでも立てれば幸いです。

髙橋朋彦

目　次

第1章　なぜ，いま「つながる力」か

第2章　「つなげる」から「つながる」へ

第3章　人間関係形成能力を育てる学級経営365日　6年

★1　春休み　願いと向き合い方針を定める

第1章

なぜ，
いま「つながる力」か

1 世界の中の日本人の幸福度

　国連機関である「持続可能な開発ソリューション・ネットワーク」（SDSN）は「World Happiness Report（世界幸福度報告書）」の2023年版を発表しました[1]。2012年から（2014年を除く）各国の約1000人に「最近の自分の生活にどれくらい満足しているか」を尋ね，0（完全に不満）から10（完全に満足）の11段階で答えてもらう方式で，国ごとの幸福度を測定しています。なお，この主観的判断には，以下の6つの項目が加味され，判断されます。

・1人当たり国内総生産（GDP）

・社会的支援の充実

・健康寿命

・人生の選択における自由度

・他者への寛容さ

・国への信頼度

　各年発表の数値は，過去3年間の数値の平均です。つまり，2023年のものは，2020〜2022年の3年間で，新型コロナウイルス感染症の影響が出た全期間の初めての調査結果となります。

　これによると，日本のスコアは6.129，順位は137カ国中47位。スコア，順位とも前年（6.039，146カ国中54位）からは改善しました。ただ，G7，主要7カ国では最下位という結果でした。一方，日本で学力調査等でしばしば比較対象とされるフィンランドは，今回の幸福度のスコアは7.804で，順位は6年間連続の1位でした。上位は欧州の国々が目立ち，北欧5カ国が7位までに入りました。

　この調査によると，日本のランキングは，60位から40位の間を推移してきました（2014年を除く）（図1）。失われた30年とも40年とも言われ，目に見える経済成長がなされない日本ですが，それでもGDPは高く，社会保障制

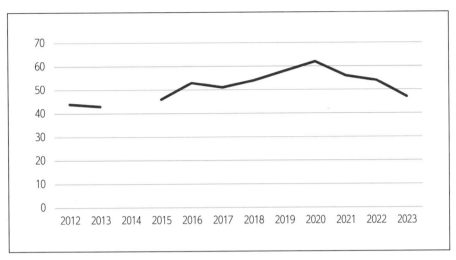

図1 「World Happiness Report（世界幸福度報告書）」における日本の順位の推移（筆者作成）

度も比較的充実しています。近年治安の悪化が指摘されてはいますが，まだまだ治安は良く，暮らしやすい環境が整っているといえます。「World Happiness Report（世界幸福度報告書）2022」では「1人当たり国内総生産（GDP）」「社会保障制度などの社会的支援の充実」「健康寿命」「人生の選択における自由度」の数値だけを見ると，日本は，ランキング上位国とさほど大きな差がありません。それにもかかわらず順位が上位にならない理由としては，「他者への寛容さ」と「国への信頼度」が低い点にあることが指摘されています。同報告書の2023年版でも「1人当たり国内総生産（GDP）」や「健康寿命」の高さの一方で「人生の選択における自由度」や「他者への寛容さ」の低さが指摘されています。

　健康寿命が長く，経済水準も低くない水準で充実しているこの日本で，私たちが幸福感を抱きにくい要因があるとしたらどのようなものなのでしょうか。

2 私たちの幸福度

　リクルートワークス研究所（2020ａ）が，日本・アメリカ・フランス・デンマーク・中国で働く2500名を対象に，個人と企業における人間関係の有り様について調査した「5カ国リレーション調査」というものがあります[2]。ここでは，幸福感と社会的関係つまり，つながりについて様々な角度から調べ，国際的な比較を試みています。図2は，この調査における「現在，幸せである」との問いに対する回答です。

　日本と他国を比べてわかるのは，「非常にそう思う」「そう思う」の割合の低さです。他国が，幸せの実感に対して肯定的に答えている割合が8割近くあるのに対して，日本は，5割を切っています。私たちの国では，「幸福である」といえる人は，半分もいないということになります。

　また，図3は，「これからの人生やキャリアを前向きに切り開いていける」

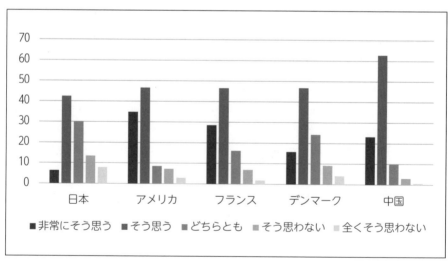

図2　「現在，幸せである」に回答した割合
（リクルートワークス研究所，2020ａをもとに筆者作成）

との問いに対する回答です。これも「非常にそう思う」「そう思う」の割合が3割程度で，他国の8割程度と比較して少ないことがわかります。今後，変化の速さも大きさも増大することが予想されているこれからの時代，ある日突然仕事を辞めるようなことになったり，転職することになったりすることが予想されます。自らの力で，キャリアを創っていく姿勢が求められる状況ですが，他国に比べて日本は，そうしたことに対する見通しや自信が，もてていない状況がうかがえます。

　さらに，図4は，「突然会社を辞めることになっても，希望の仕事につける」との問いに対する回答です。やはり，これも「非常にそう思う」「そう思う」の割合が2割程度で，他国の5割〜8割程が肯定的に回答しているのに比べて，その割合が少ないことがわかります。これには単なる私たちのマインドの問題だけでなく，社会的な仕組みや環境も影響していることでしょう。日本は，長く終身雇用制度を取り入れてきたことや，「一を以て之を貫く」のような価値観があって，勤め先を転々とすることはあまりよくないの

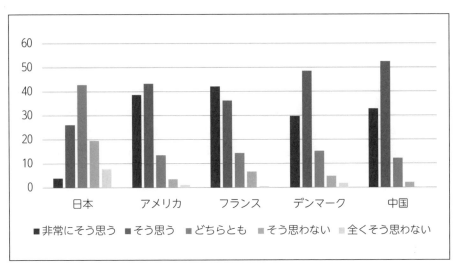

図3　「これからの人生やキャリアを前向きに切り開いていける」に対する割合
（リクルートワークス研究所，2020 a をもとに筆者作成）

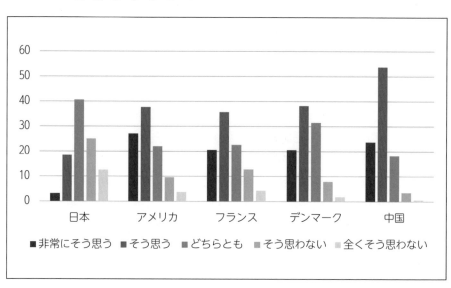

図4 「突然会社を辞めることになっても，希望の仕事につける」に対する割合
（リクルートワークス研究所，2020 a をもとに筆者作成）

ではないか，という風潮も影響していると思いますが，変化が激しく流動的なこの時代を生きる人のマインドとしては心許なさを感じる人もいるでしょう。

　これらの結果から，日本人は，幸福であると自覚している人が2人に1人程度で，これからのキャリアを自分で切り開いていける自信や今勤めている会社を突然辞めることになっても自分の希望の仕事につくことができるという見通しをもっている人たちの割合が，他国に比べて少ないことが見えてきます。

　リクルートワークス研究所（2020 b）が「5カ国リレーション調査」に基づき，提言をまとめた「マルチリレーション社会─多様なつながりを尊重し，関係性の質を重視する社会─」では，図5，図6のようなデータを示し，次のようなことを指摘しています。少し長いですが，重要な指摘だと思いますので，そのまま引用させていただきます（図5は，つながりの多さによる幸

16

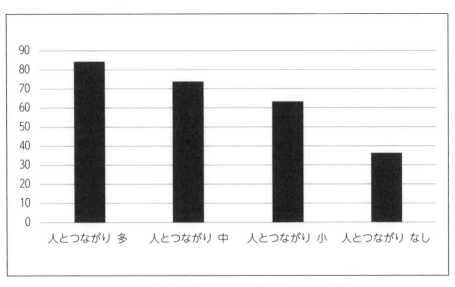

図5　つながりの度合い別の幸福を感じている割合
（リクルートワークス研究所，2020 b をもとに筆者作成）

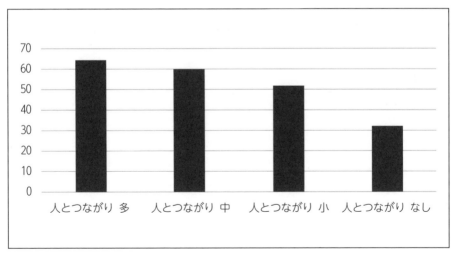

図6　つながりの多さ別の希望の仕事につける割合
（リクルートワークス研究所，2020 b をもとに筆者作成）

福を感じる割合の違い，図6は，つながりの多さによる仕事を辞めることに
なったときに，希望の仕事につけるという見通しや自信をもっている割合の
違いを表しています）。「人が生きていく上で，『幸福感』や『希望の仕事に
つける』という感覚はとても大切です。わたしたちが行った国際調査からは，
交流のある人間関係を持っていない『人とのつながりなし』の場合，幸福を
感じる割合が36.3％に留まるのに対し，交流のある人間関係の種類が多く，
さらにその人間関係を通じて活力や挑戦の後押しを得ている『人とのつなが
り　多』の場合は84.3％に高まることが分かりました。実に48％ポイントも
の差が生まれています」[3]

　データを見ればわかるように，もっているつながりが多い方が，より幸福
感を感じ，突然今の仕事を辞めることになっても，より希望する仕事につけ
るという実感をもつ割合が増すことがわかります。さらに注目したいことは，
つながりの「多い」，「中」，「少ない」の各程度間で比較するとその差は10％
程度なのに対して，「つながりなし」と答えている人たちは，もっとも数値
の近い「つながり小」と答えている人たちと比較しても20％近く差があるこ
とです。つながりが「ある」と答えている人たちと「ない」と答えている人
たちでは，随分世の中の見え方が異なり，また，生きづらさも違っているの
ではないかと思われます。

3 日本人のつながり方

　この提言書からは，日本人の独特のつながり方が見えてきます。「5カ国
リレーション調査」では，「交流のある人間関係」を「つながり」としてい
ますが，具体的には以下の14のつながりを指します。

・家族・パートナー
・親戚
・社会人になる前の友達

・一緒に学んだ仲間

・趣味やスポーツの仲間

・地域やボランティアの仲間

・勤務先の経営者

・勤務先の上司

・勤務先の同僚

・勤務先の部下

・社外の仕事関係者

・以前の仕事仲間

・労働組合

・政治家

　交流の様子が複数回答で示されていますが，どの国でも「家族・パートナー」（約70〜89％）「勤務先の同僚」（約65〜77％）は，選択される割合が高く，人間関係の２本柱となっています。特に日本は，「家族・パートナー」が88.6％と高く，家族が社会関係の基盤になっている国であることがわかります。また，職場の人間関係は，「勤務先の同僚」だけでなく「勤務先の上司」「勤務先の経営者」「社外の仕事関係者」「以前の仕事仲間」と幅広く想定されていて，「勤務先の同僚」や「勤務先の上司」の割合の高さは５カ国で大きな差がありませんが，「勤務先の経営者」「社外の仕事関係者」「以前の仕事仲間」になると，日本におけるそれらの割合の低さが目立っています。日本は，人材の流動性が低いためでしょうか，仕事の人間関係が社内に閉じてしまっているといえそうです（前掲）[4]。

4 「閉じた乏しい人間関係の」国，日本

　また，どの国でも高い傾向にあるものとして，「社会人になる前の友達」の割合が挙げられており，日本でも６割を超えています。友人の存在の大切

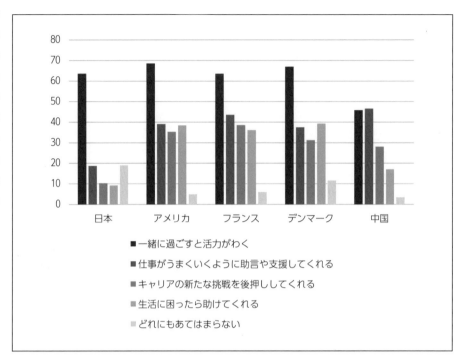

図7　社会人になる前の友達との付き合い方
（リクルートワークス研究所，2020bをもとに筆者作成）

さは言うまでもありませんが，「一緒に学んだ仲間」「趣味やスポーツの仲間」「地域やボランティアの仲間」など，家族や仕事を離れたつながりの割合は，日本は他国に比べてかなり低くなっており，社会に出た後，人間関係が広がっていないことがうかがえます。

　では，「社会人になる前の友達」とどのようなつながり方をしているのでしょうか。学校教育段階で子どもたちがどのようなつながりをしているのか，学校関係者としては気になるところではないでしょうか。同調査では，つながり方を「一緒に過ごすと活力がわく」「仕事がうまくいくように助言や支援してくれる」「キャリアの新たな挑戦を後押ししてくれる」「生活に困ったら助けてくれる」「どれにもあてはまらない」を視点に，それぞれの割合を

見ています（図７）。

　ここからわかることは，日本の社会人になる前の友達とのつながりは，アメリカ，フランス，デンマークと同様に共に過ごし活力を得るという性質のものであることです。しかし，一方，「仕事がうまくいくように助言や支援してくれる」「キャリアの新たな挑戦を後押ししてくれる」「生活に困ったら助けてくれる」といった生活支援的なかかわりが低くなっています。

　私たち日本人の社会人になる前の友達とのつながり方は，一緒に過ごして楽しい気分を味わったり，それによって活力を得たりしているようですが，仕事やこれからの人生にかかわることの相談をしたり，生活に関する援助を求めたりするような間柄ではないようです。

　こうした日本人の他者とのつながり方を見ると，社会人になる前の友達とは，一緒に楽しく過ごすことはしても，人に悩みを打ち明けたり，助けを求めたりしたりはしないようです。また，社会人になってからは，その付き合いは，家族と勤務先の同僚に狭まり，とりわけ，家族の比重が高いつながりの中で生活をしているといえます。これらの調査結果から，日本人のつながりは，家族中心で，それ以外の人たちには**「閉じた」乏しい人間関係の有様**が見えてきます。

　日本社会は，よく「失敗ができない社会」とか「やり直しが利かない社会」とか言われますが，一緒に楽しむ仲間はいるけど，キャリア支援や生活支援を相談したり要請したりできる仲間がいないという日本独特とも見られる人々のつながり方にその一因があるのかもしれません。また，日本人にとってつながりの中心にある家族や職場も安定しているものとはいえません。

　少子高齢化の中で，生涯未婚率も上昇しています。結婚していること，子どもがいること，つまり家族がいることが前提の社会が崩れようとしています。また，企業の平均寿命が，20年と少しと言われる今，これはどんどん短くなることでしょう。終身雇用はほぼ崩壊し，短いサイクルで職を変えなくてはならない世の中になっています。また，日本人がつながりにおいて，頼みの綱とする家族も同僚も今や，とても危ういものになっているわけです。

これらのデータからわかるように，人はつながりがある方が幸福感は高くなります。また，ポジティブな状態をひけらかすことを嫌う日本の風土をいくらか差し引いても，日本人の幸福感が他国と比べて低いのは，つながりが家族や同僚など一部に限られていることが影響していそうです。さらに，学業とともに社会や世間を学ぶ学生の頃に築いていた人間関係は，相談，助け合いなどのソーシャルサポートとは異なる，楽しむことを中心としたレジャー的でイベント的なつながりであることがわかります。社会人になってから，ハプニングやトラブルの当事者になると，誰にも相談できずに路頭に迷う人が多くなるのは，人からの助けを求める，人を助けるなどのソーシャルサポートにかかわる経験値が足りないからなのではないでしょうか。

5 人間関係形成能力と学習指導要領

　このように人にとってつながりとは，幸福感やキャリア形成に関わる，生きる力というよりも生きることに直結することがわかりますが，学習指導要領において，つながりをつくる力の育成について述べられたのはそんなに以前のことではありません。

　平成20年改訂の小・中学校学習指導要領の特別活動の目標において，「人間関係の形成」について記載されました。小学校では次のように書かれています。「望ましい集団活動を通して，心身の調和のとれた発達と個性の伸長を図り，集団の一員としてよりよい生活や人間関係を築こうとする自主的，実践的な態度を育てるとともに，自己の生き方についての考えを深め，自己を生かす能力を養う」。なぜ，人間関係の重視が叫ばれるようになったのでしょうか。当時の学習指導要領の指針となった答申には次のようなことが指摘されています[5]。

「・学校段階の接続の問題としては，小1プロブレム，中1ギャップなど集団への適応にかかわる問題が指摘されている。

・情報化，都市化，少子高齢化などの社会状況の変化を背景に，生活体験の不足や人間関係の希薄化，集団のために働く意欲や生活上の諸問題を話し合って解決する力の不足，規範意識の低下などが顕著になっており，好ましい人間関係を築けないことや，望ましい集団活動を通した社会性の育成が不十分な状況も見られる。」

　ここには，社会の変化の影響を受け，子どもの人間関係の希薄化や集団への貢献意識や，協働による問題解決能力の低下などの問題が指摘されています。これまで人間関係の形成を目標にしてこなかった学習指導要領が，それを目標に据えたのは，いじめ，不登校，日常化していく学級崩壊などの問題が看過できないものとして認識されたからに他なりません。

　当時の文部科学省で教科調査官をしていた杉田（2009）は，人間関係形成能力に関して次のような認識を示しています[6]。「人間関係の悩みは誰もがもっているものです。その意味で，人間関係形成能力は『性格』ではありません。人間関係を結ぶ力が性格だとしたら変えるのは非常に困難であり，『私には無理』という思いから，あきらめてしまう人が多くなるでしょう。人間関係形成能力も性格ではなくて学ぶことができる力，つまり『学力』なのです」[7]。

　国が学習指導要領に人間関係の形成に関して記載する前からも，学校現場の教師たちは，教師と児童生徒，そして児童生徒同士の良好な関係性の重要性を認識し，それを育成していたことでしょう。ここに来て，社会の変化，それに伴う児童生徒の実態に対応し，人間関係形成能力が学びの対象となったことがわかります。

　では，現行の学習指導要領では人間関係形成能力はどのように捉えられているのでしょうか。学習指導要領では，３つの資質・能力の育成がねらわれています。このことは読者の皆さんに「釈迦に説法」だとは思います。しかし，現場の先生とお話をしていると，この３つのことは知っているけど，中味まではよく知らないという方もいます。確認のために記載しておきます。

(1)知識及び技能が習得されるようにすること。
(2)思考力，判断力，表現力等を育成すること。
(3)学びに向かう力，人間性等を涵養すること。

　この３つ目の「学びに向かう力，人間性等」の中で，次のことが書かれています[8]。

　「児童一人一人がよりよい社会や幸福な人生を切り拓いていくためには，主体的に学習に取り組む態度も含めた学びに向かう力や，自己の感情や行動を統制する力，よりよい生活や人間関係を自主的に形成する態度等が必要となる。これらは，自分の思考や行動を客観的に把握し認識する，いわゆる『メタ認知』に関わる力を含むものである。こうした力は，社会や生活の中で児童が様々な困難に直面する可能性を低くしたり，直面した困難への対処方法を見いだしたりできるようにすることにつながる重要な力である。また，多様性を尊重する態度や互いのよさを生かして協働する力，持続可能な社会づくりに向けた態度，リーダーシップやチームワーク，感性，優しさや思いやりなどの人間性等に関するものも幅広く含まれる。」

　前学習指導要領と連動していた前生指導提要には，生徒指導の意義のなかで「生徒指導とは，一人一人の児童生徒の人格を尊重し，個性の伸長を図りながら，社会的資質や行動力を高めることを目指して行われる教育活動のこと」と書かれています。社会的資質とは，人間関係をうまく遂行するために欠かせない能力のことであり，社会性や社交性，コミュニケーション能力，共感的な行動能力などが含まれますので，人間関係形成能力と極めて似た概念です。
　つまり，前学習指導要領では，いじめ，不登校，学級崩壊等の問題を背景に生徒指導のねらい達成のために人間関係形成能力が捉えられていたと考え

られます。そして，前生徒指導提要によれば生徒指導は，「学校の教育目標を達成する上で重要な機能を果たすものであり，学習指導と並んで学校教育において重要な意義を持つもの」（この生徒指導の捉えは，令和4年12月改訂の新提要でも同様）ですので，人間関係形成能力は，学校教育の柱の一つのねらいのまた一つと捉えられていたことがわかります。

　しかし，現行の学習指導要領は，改めていうまでもなく，3つの資質・能力をねらって設計されているものです。また，「知識及び技能」の習得と「思考力，判断力，表現力等」の育成は，「学びに向かう力，人間性等」の涵養に向かって方向づけられるという構造をもちます。つまり，人間関係形成能力の育成は，現学習指導要領のねらいそのものといってもいいと考えられます。

6　人間関係形成能力とは

　では，人間関係形成能力とはどのような能力をいうのでしょうか。小学校学習指導要領（平成29年告示）解説，総則編では，人間関係形成能力という文言そのものは，出てきませんが，「人間関係」という文言は，79カ所見られます。そのうちその育成にかかわるだろうと思われる「よりよい人間関係」という文言は28カ所になりますが，それが具体的にどのようなものであるかは明記されていません。

　一方，キャリア教育のなかに，人間関係形成能力という文言が見られ，その内容が記載されています。人間関係形成能力の前に，キャリア教育について簡単に整理しておきましょう。文部科学行政関連の審議会報告等で，「キャリア教育」が文言として初めて登場したのは，中央教育審議会「初等中等教育と高等教育との接続の改善について（答申）」（平成11年12月16日）です。新規学卒者のフリーター志向の広がり，若年無業者の増加，若年者の早期離職傾向などを深刻な問題として受け止め，それを学校教育と職業生活との接続上の課題として位置付け，キャリア教育が提唱されました。

その後，国立教育政策研究所生徒指導研究センターが平成14年11月，「児童生徒の職業観・勤労観を育む教育の推進について」の調査研究報告書をまとめ，小学校・中学校・高等学校を一貫した「職業観・勤労観を育む学習プログラムの枠組み（例）―職業的（進路）発達にかかわる諸能力の育成の視点から」を提示しました。この「枠組み（例）」では，「職業観・勤労観」の形成に関連する能力を，「人間関係形成能力」「情報活用能力」「将来設計能力」「意思決定能力」の４つの能力領域に大別し，小学校の低・中・高学年，中学校，高等学校のそれぞれの段階において身に付けることが期待される能力・態度を具体的に示しました。

　それから様々な議論が重ねられ，キャリア教育における基礎的・汎用的能力を構成する能力として，「人間関係形成・社会形成能力」「自己理解・自己管理能力」「課題対応能力」「キャリアプランニング能力」の４つが整理されました。文部科学省の「小学校キャリア教育の手引き―小学校学習指導要領（平成29年告示）準拠―」（令和４年３月）によれば，これらの能力は，包括的な能力概念であり，必要な要素をできる限りわかりやすく提示するという観点でまとめたものです。この４つの能力は，それぞれが独立したものではなく，相互に関連・依存した関係にあり，特に順序があるものではなく，また，これらの能力をすべての者が同じ程度あるいは均一に身に付けることを求めるものではない，とされています[9]。

　同手引きには，社会形成能力と共に人間関係形成能力は，次のように説明されています（文部科学省，前掲）[10]。

　「『人間関係形成・社会形成能力』は，多様な他者の考えや立場を理解し，相手の意見を聴いて自分の考えを正確に伝えることができるとともに，自分の置かれている状況を受け止め，役割を果たしつつ他者と協力・協働して社会に参画し，今後の社会を積極的に形成することができる力である。

　この能力は，**社会との関わりの中で生活し仕事をしていく上で，基礎となる能力**である。特に，価値の多様化が進む現代社会においては，性別，

年齢，個性，価値観等の多様な人材が活躍しており，**様々な他者を認めつつ協働していく力**が必要である。また，変化の激しい今日においては，**既存の社会に参画し，適応しつつ，必要であれば自ら新たな社会を創造・構築**していくことが必要である。さらに，**人や社会との関わりは，自分に必要な知識や技能，能力，態度**を気付かせてくれるものでもあり，**自らを育成する上でも影響**を与えるものである。具体的な要素としては，例えば，他者の個性を理解する力，他者に働きかける力，コミュニケーション・スキル，チームワーク，リーダーシップ等が挙げられる。」　　　（太字は筆者）

　国の示したこの人間関係形成能力への認識は，これまで示したいくつかのデータと符合するものです。つながりは幸福感と直結し，つながりは変化の激しい時代においては自分の人生を創っていくとても重要なものだと言えます。そして，その重要性は今後益々増していくと思われます。

　しかし，先程，日本人がつながりの中心とする職場の同僚と家族も安定したものではないと指摘しました。私たち日本人は，どのようなつながりをもっていったらいいのでしょうか。

7　安全基地と仲間

　先程紹介したリクルートワークス研究所の「マルチリレーション社会―多様なつながりを尊重し，関係性の質を重視する社会―」（前掲）では，様々なつながりの中で，注目すべき性質として「ベース性」と「クエスト性」の2つを挙げています[11]。ちなみにこの調査におけるリレーションとは，互恵的で，豊かな質をともなう関係性のことです[12]。「ベース性」とは「ありのままでいることができ，困ったときに頼ることができる安全基地としての性質」，「クエスト性」とは「ともに実現したい共通の目標がある，目的共有の仲間としての性質」と説明されています。私たちが幸福になるためには，人間関係における安全基地と仲間としての機能が注目されるということです。

これは，かつての拙著でも「チーム」と「ホーム」という概念で説明することもできます。

「ホーム」とは，現在の姿の肯定，関係性の維持によるエネルギーの保持，増幅ができる集団のことをいいます。一方「チーム」は，協力的関係と機能的な役割分担によって目的達成を志向する集団のことです。

「ホーム」は居心地がよいのですが，成長や発展が少なく，人々がもつ達成への欲求が十分に満たされるわけではありません。また，「チーム」は，目的達成への参画によって，成長や発展がもたらされますが，モチベーションの維持や生産性の向上への努力や対人関係が損なわれるリスクを常に負い続けなくてはなりません。人が幸福感を感じるには，それぞれの個性に応じて両方がバランス良く確保される必要があると考えています。

「マルチリレーション社会―多様なつながりを尊重し，関係性の質を重視する社会―」（前掲）では，このベース性のあるつながりとクエスト性のあ

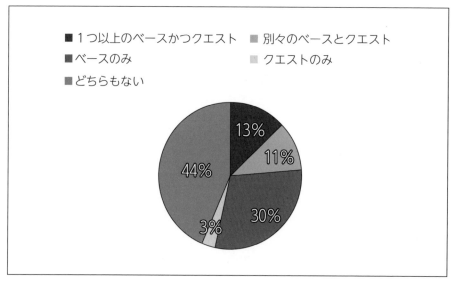

図8　働いている人のリレーションの持ち方
（リクルートワークス研究所，2020 b をもとに筆者作成）

るつながりの確保状況について興味深い調査結果（「働く人のリレーション調査」）を紹介しています[13]。この調査は，全国に居住する，25-64歳の男女就業者を対象として，そのつながりの特徴を明らかにしたものです（図8）。

　図8を見るとわかるように，働いている人のうち，ベースかつクエストの機能をもつリレーションをもっているは13%，2つのリレーションを別々にもっているのは11%で，両方をもつのは，24%でした。また，どちらかをもっているのは，33%でそのほとんどがベース機能のリレーションでした。一方で，両方をもっていないのは44%であり，本調査は「リレーションをもつことは，今や，決して当たり前ではなくなった」と結論付けています[14]。

　本調査を私なりに解釈すると，働いている人のなかで，ホームとチームの両方をもっているのは4人に1人程度で，どちらかをもっているのは3人に1人でそのほとんどはホームであり，チームをもっているのは極僅か，そして，両方をもたない人が4割程度もいるのです。働いていても4割が豊かなつながりをもてないでいます。つまり，わが国の就業者において，安心や成長の時間を感じることができている人は，4人に1人，そのうち1人は，安心感はあるものの成長実感に欠け，残りの2人は安心感も成長実感も薄いということが推察されます。これは正に冒頭に紹介した，日本人の2人に1人は，幸福感を感じられていない状態と符合するのではないでしょうか。

8　今こそ，他者とつながる力を子どもたちに

　これまで学校教育において人間関係づくりは，いじめ，不登校，そしてときには学級崩壊の予防策として注目されることがありました。現在も人間関係づくりに注目し，尽力される学校はそのような目的で実践されていることでしょう。それは大筋で間違っていないと思います。むしろ，これからも積極的に進められていくべきでしょう。

　しかし，これまでの実践には，教師が子どもたちをつなげようと頑張りすぎるあまり，「仲良く」，「みんな一緒に」を強調するがために，同調圧力の

ような閉塞感を生んでしまうようなこともあったと思われます。同調圧力に対する忌避感からか，学校関係者の中でも，「ゆるいつながり」や「つかず離れずの関係」など耳当たりのよい人間関係が指向されるようになりました。それらのイメージが誤っているとは全く思いませんが，その実現はとても難しいと感じています。

　耳当たりのよさの一方で，他者に必要以上にかかわらない「冷たい関係」を助長してしまっている場合もあるのではないでしょうか。私たちが成長，発展するためには，「耳の痛い話」をしてくれる人も時には必要です。「耳の痛い話」は文字通り，痛みを伴います。中途半端な関係性でそれをすると関係が破綻してしまうことがあります。目の前の子どもたちの関係性を見てみてください。全肯定するか，全否定するかの極端な関係になっていませんか。肯定の関係は，他者が何をやっても「いいね」「ありだね」と認め，一緒にいる分には，まあまあ楽しいし独りぼっちになることはありません。否定するのは精神的に疲れますから，今の子どもたちは「かかわらない」という選択をしているのではないでしょうか。

　「ゆるいつながり」とは，余計な干渉はしないが，困ったときは助け合うわけであり，ネガティブな部分を他者にさらけ出す必要が出てきます。接近と回避の中間に立つ，とても難しい関係です。そこにはそれ相応の信頼関係が必要となります。耳当たりのいい話は，実現するときには，大抵の場合，多大なコストがかかるものではないでしょうか。

　学校教育が忘れてはならないことは，「子どもたちを幸せにする」ことです。そして，さらに大事なことは「子どもたちが幸せになる」力を育てることではないでしょうか。われわれの幸せの実感が，つながりの量と質に関係しているのだとしたら，学級をまとめるためではなく，子どものたちの幸せのために，ある程度の量があり，かつ良質なつながりのある学級経営をしていく必要があるのではないでしょうか。

　そして，それ以上に大切なことは，子どもたちが自らつながり，自らのネットワークを構築するような能力を育てることではないでしょうか。まとま

30

りのいい学級づくりや仲間づくりといったこれまでの学級経営の流れは，もちろん無視できないくらい大切な営みであり続けるでしょう。ただ，それはともすると，教師や社会性のあるクラスメートに依存する受身体質の子どもたちを一定数育ててしまっている可能性があります。これからは，子どもの幸せになる力を見据えて，自ら安全基地と仲間といった幸福感の基盤となるような人間関係をつくる力を引き出し，育てる学級経営をしていくことが求められているのではないでしょうか。

　今世の中はデジタル化，DX化によって，人と人とが直接触れ合わなくてもいいような道具と仕組みの整備が進んでいます。コロナ禍はそれを加速させると同時に，なんとなく人々がもっていた人と人とが関わることに対する煩わしさに対する正当性を与えることに一役買ったように思います。それまでは，たとえ面倒でも人づきあいは大事にした方がいいと消極的に関わっていた人たちに，関わらなくてもいいとお墨付きを与えたのではないでしょうか。

　しかし，本章における調査等から私たちが幸福感と共に生きるためには他者とのつながりが重要な鍵を握ります。学校教育では，子どもの「将来のため」に学力をつけるために，教育内容やカリキュラムが整えられ，授業法の工夫もしています。ところがその一方で，人とつながる力については，そうした体制による整備は十分とは言えず，学校任せ，個々の教師任せになっているのではないでしょうか。

　人とつながる力が必要なのは，何も子どもの「将来のため」ばかりではありません。いじめは勿論，不登校も個人的要因よりも教師や子ども同士の関係性要因から起こっていることが近年の調査からわかってきました。教室の心理的安全性を脅かすのは，なによりも人的リスクです。つまり，子どもにとって教室における最大の脅威は人間関係なのです。将来の幸福だけでなく，子どもの「今ここ」の幸せのために，他者とつながる力をつけることは，学校にとって大事なミッションなのです。

【参考文献】

1 持続可能な開発ソリューション・ネットワーク「World Happiness Report 2023（世界幸福度報告書2023年版）（第11版）」2023年（https://worldhappiness.report/ed/2023/　閲覧日2023年 7 月20日）

2 リクルートワークス研究所「Works Report 2020 5 カ国リレーション調査【データ集】」2020年 a（https://www.works-i.com/research/works-report/item/multi_5.pdf　閲覧日2023年 8 月16日）

3 リクルートワークス研究所「次世代社会提言プロジェクト―マルチリレーション社会：個人と企業の豊かな関係―」「【提言ブック】マルチリレーション社会―多様なつながりを尊重し，関係性の質を重視する社会―」2020年 b（https://www.works-i.com/research/works-report/2020/multi_03.html　閲覧日2023年11月 1 日，https://www.works-i.com/research/works-report/item/multi2040_3.pdf　閲覧日2023年 8 月16日）

4 前掲 3

5 中央教育審議会「幼稚園，小学校，中学校，高等学校及び特別支援学校の学習指導要領等の改善について（答申）」平成20年 1 月17日

6 杉田洋『よりよい人間関係を築く特別活動』図書文化，2009年，pp.160-161

7 前掲 6

8 文部科学省『小学校学習指導要領（平成29年告示）解説総則編』東洋館出版社，2018年

9 文部科学省「小学校キャリア教育の手引き―小学校学習指導要領（平成29年告示）準拠―（令和 4 年 3 月）」2022年

10 前掲 9

11 前掲 3

12 前掲 3

13 前掲 3

「働く人のリレーション調査」：全国の25-64歳の男女就業者が対象。2019年12月19日〜23日にオンラインで調査を実施。有効回答数は3273名。

14 前掲 3

第2章

「つなげる」から
「つながる」へ

1 「教師のつなげる力」と「子どものつながる力」

（1） 「つなげる力」と「つながる力」どちらが大切？

みなさんは，どちらの学級経営の方が上手くいくと思いますか？

A　教師が中心となって子ども達をつなげ，教師の力をもとに学級がまとまっていく学級経営
B　子ども達のつながる機会をつくり，子ども達の力で学級がまとまっていく学級経営

　Aは，**教師のつなげる力**を軸とした学級経営。Bは，**子どものつながる力**を軸とした学級経営と言えるでしょう。
　「どちらが上手くいくと思いますか？」と質問しておいて，少しずるいかもしれませんが，私は

> A　教師のつなげる力
> B　子どものつながる力

どちらも大切だと考えています。

（2） うまくいかなかった学級経営

　私は以前，次の①～③の３つの考え方で学級経営をしていました。
　○子ども同士のつながりは…
　　①　自然発生的にできあがるもの
　　②　教師の力でつなげるもの
　　③　子どもの力でつながるもの

忘れもしません。私が若手の頃は「①自然発生的にできあがるもの」だと思っていました。もともと子ども同士のよいつながりのある学級もあれば，子ども同士がつながれていない学級もありました。よいつながりのある学級をいただければ問題がないのですが，そうでない学級を持った年はとても苦労したように思います。

　学級経営について学びを進めると，「②教師の力でつなげるもの」としての考え方が芽生えてきました。ミニレクをしたり，休み時間に一緒に遊んだりして子ども同士をつなげました。子どもは教師を軸にまとまり，居心地のよい学級になってきました。しかし，教師のいないところでは，子ども同士で悪口を言ったり喧嘩をしたりすることがなくなりませんでした。

　教師がいなくては人間関係が成り立たない学級ではいけないと思い，「③子どもの力でつながるもの」として考えるようにしました。学級レクを子どもの力だけで企画・運営させたり，授業中にグループ活動を多く取り入れたりするなど，子ども同士で関わる機会を取り入れました。しかし，子ども自身のつながりをつくる力は弱かったので，子どもだけでは教師が引っ張るよりもうまく人間関係をつくることはできませんでした。

　私の経験談でしかありませんが，よい人間関係は，自然発生的にできあがるものではありませんし，教師のつなげる力だけでも，子どものつながる力だけでも，つくることはできません。

（3）　子ども同士の人間関係のつくり方

　では，子ども同士の「つながり」をつくることはできないのか？そんなことに悩む日々を過ごしました。そこで行き着いたのは，教師だけの力でも，子どもの力だけでもできないのならば，

> 「教師のつなげる力」と「子どものつながる力」

の教師と子どもの両方の力をかけ合わせよう！ということでした。

　例えば４月の始業式。学級びらきをしたばかりでつながりはほぼありません。そこで，教師がミニレクなどをして意図的につながりをつくります。ミニレクをした後は，打ち解けて自分たちで自然と会話をすることができます。
　例えば６月。子ども同士のトラブルがあります。トラブルの解決を通して，友達同士の関わり方の指導をします。トラブルを起こさない方法や起こした後の立ち振る舞い方を教えることで，普段から適切な関わり方ができるようになります。
　例えば７月の休み時間。今まで関わりのなかった友達が，授業中に好きなものを紹介し合い，自分と同じ好きなアニメを見ていることを知り，話していく中で自然と関係ができあがることがあります。
　例えば10月の運動会。練習や本番を通してドラマが生まれ，子ども達が協力することでつながりができたり，強まったりします。

　私が最初に質問したように，私たちは，**「教師のつなげる力」**と**「子どものつながる力」**のどちらが大切かという二元論で考えてしまいがちです。そうではなく，１年間を通して，子どものつながる力を高めながら，適切な時期や適切な場面で教師のつなげる力と子どものつながる力をかけ合わせながら学級経営をしていくことが大切だと考えます。

（4）　つなげるからつながるへ

　義務教育である学校生活の中では，大人の力を借りながら子ども同士の人間関係をつくる機会はたくさんあります。しかし，義務教育が終了して，一歩学校から外に出てしまえばそんな機会はありません。いつかは自分の力で人間関係をつくらなければならない時がやってきます。

　自分が担当をするその年だけを考えれば，教師が子ども同士を「つなげる」だけの人間関係づくりでいいでしょう。しかし，子どもの将来を考えるならば，子どもの「つながる力」を育むための学級経営が大切だと考えます。しかし，子ども達に最初からつながる力があるわけではありません。「教師がつなげる」ことも「子どもがつながる」ことも大切にしながら「つながる力」を育み，学級経営をしていきます。

　本書では，

> ・教師の力で意図的に子ども同士をつなげる
> ・子ども同士のつながる力を育む

の２つの力を軸に，ご紹介いたします。

　「つなげる」から「つながる」へ…

　もともと人間関係をつくることができないと考えていた私ですが，教師がつなげ，つながる力を育むことが大切だと考えるようになりました。365日の中で，最初は「教師がつなげる」ことも多いでしょう。しかし，年間を通して徐々に「つながる力」を育み，自分たちの力でつながることのできる児童の育成を目指します。

2　6年生はどんな学年？

（1）　6年生の特徴を考える

　さて，6年生の学級経営をするためには6年生の特徴を自分なりに把握している必要があります。みなさんは，6年生をどのような学年だと捉えているでしょうか？私は，次のように捉えています。

○ポジティブな点
・最高学年という責任と期待を背負う期間である
・卒業という明確なゴールがある
・1年生との関わりで力を発揮させられる
・委員会やクラブなど，全校のリーダーになる機会が多い
・運動会や学習発表会などの行事で，全校をリードする

○ネガティブな点
・こじれた人間関係が複雑で解決しづらい
・子どもとの人間関係をつくりづらい
・できていないことに注目されやすい
・行事が多い
・学習が難しい

　私がポジティブだと考えている点も時と場合によってはネガティブな点になります。また，人によってもポジティブかネガティブかは変わってくるでしょう。何がポジティブで何がネガティブか白黒つけるのではなく，自分なりに特性を把握しておくことが大切だと考えます。

（2）　6年生の「つながる」

　6年生の人間関係づくりは，本当に難しいと思っています。理由は，良くも悪くも

> 人間関係ができあがっているところ

です。

　1〜5年生でつくられた人間関係があります。それがよい方向に働いていることもあるのですが，私のこれまでの経験上，
・以前あったトラブルがくすぶっている
・同じクラスになったことがあるのにあんまり関わったことがない
・男子と女子の距離がある
・あいつはこういう奴だという決めつけがある
という実態であったことがほとんどでした。これらのことが複雑に絡まり合い，6年生での1年間の学級経営を難しくしています。私も何度苦労したことか（笑）とはいえ，6年生には最大の強みもあります。それが…

> ・卒業を意識させられること
> ・最高学年としての責任感を持たせられること

です。子ども同士の人間関係が難しい6年生という学年ですが，6年生であるという最大の強みを生かし，
・教師のつなげる力で意図的につなげること
・子ども同士のつながる力を育み，つなげていくこと
を，時間をかけて丁寧に取り組み，「つながる学級づくり」をしていくことが大切です。

❸ 学級経営で成果を上げる「願い」×「実践」

（1） うまくいかない学級経営…

みなさんは学級経営で失敗をしたことがありますか？
私は，あります。

手を抜いていたわけではないと思います。
休み時間は子どもと遊び，夜は遅くまで学校に残って日記やノートにコメントをし，朝早くから教材研究をしました。学級レクやお楽しみ会など子どもの喜ぶことをしました。悪いことがあれば，いけないことだと叱りました。

しかし，うまくいかないことが続きます。私は，学級経営の仕方がいけないのだと思うようになりました。

（2） 学級経営について学んだのにうまくいかない…

うまくいかないことが続いた私は，学級経営について学び始めます。学級経営の達人は，どのような特別な方法で学級経営をしているのか，最初は方法論ばかりに目を向けていました。私は，学んだことをもとにして

帰りの会で元気いっぱいになる挨拶の仕方を試しました。
友達同士で仲良くなるゲームを試しました。
授業が盛り上がる話し合いの仕方を試しました。

他にも色々な方法を試しました。どの方法もはじめてすぐには少し効果があるのですがすぐにその効果もなくなってしまいました。学級経営の達人のような成果をあげることが私にはできなかったのです。

（3）　学級経営がうまくいかなかった理由

　手を抜いているわけではない。方法だって達人達から学んでいる。それでもうまくいかないことがたくさんありました。

　では，いったいなぜうまくいかなかったのでしょうか？私は，考えに考えました。そして，学びの中で学級経営の達人達の中にある共通点に気づきました。学級経営の達人の方々の考え方は…

> 　子ども達の幸せを願っている

ということだったのです。

　「子ども達にとって，安心な学校にしたい！」
　「学校を楽しいと思ってもらいたい！」
　「学習する楽しさを味わってもらいたい！」

　どの方も，子どもの幸せを心の底から願っていたのです。一方私は，どんな願いを持って学級経営をしていたかというと，

　「子どもから人気の先生になりたい。」
　「周りの先生から「すごい！」とほめられたい。」
　「子どもから舐められたくない。」

でした。

　子どものための願いを持っている達人の先生方と，自分本位な願いしか持っていない私。たとえ同じ実践をしたとしても，私がこのような考えでいる限り，その実践が成果をあげることはないと気づくことができました。

（4） どんな願いを持つ？

　色々な本を読んだり人と会ったり自分自身で考えに考えたりして，私は今，

> 子ども達の幸せな将来につながる１年になってほしい

という願いを持っています。

　学校では，勉強するすべての学習内容はもちろん，人と人とのコミュニケーションの取り方，人の役に立つ仕事の仕方，目標に向かって努力をすることなど，１年間を通して多くのことを学びます。
　楽しいこともあるでしょう。時には泣きたくなるくらい辛いこともあるでしょう。いけないことをして叱られることだってあると思います。
　その１年で学んだことや経験したことが，子ども達の幸せな将来につながってほしいと願っています。

　このように，自分本位な願いから，**子どもの幸せ**を願うようになってから，学級経営で少しずつ成果をあげられるようになったと感じます。

　では，他の願いではいけないのでしょうか。そんなことはありません。私の周りには，
　「学校を安心できる場所にしたい。」
　「子ども達にしっかりと力をつけたい。」
　「人を大切にできる人にしたい。」
という願いを持っている人たちがいます。どの方々も本当に素晴らしい学級経営をしています。
　願いは教師の数だけあっていいと思います。自分に合った願いを持つことをこれからも大切にしていきたいと思います。

（5）「願い」×「実践」

私は，学級経営は

> 「願い」×「実践」＝「学級経営」

だと考えています。「願い」と「実践」はかけ算構造です。

どんなに素晴らしい実践をしたとしても，かつての私のように，自分本位な願いしかなければ，その実践は成果を発揮することはできません。

逆に，どんなに素晴らしい「願い」を持っていたとしても，実践が全くなければ，その願いを実現することはできません。

本書では，「つながる」をテーマにした，実践をはじめ，さまざまなデータや理論が紹介されています。

そのどれもが，子どもの幸せにつながることを大切にしています。

しかし，以前の私のように自分本位な願いで実践したり，データを活用したりしても成果をあげることはできないと思います。

みなさんには，どのような「願い」があるでしょうか？

本書でご紹介する内容が，読者のみなさんの「願い」を実現し，子どもの成長のお役に立つことができれば嬉しいです。

第**3**章

人間関係形成能力を育てる
学級経営365日　6年

願いと向き合い 方針を定める

1 春休み中に向き合う「願い」

（1）「願い」と向き合う

　これから始まる新学期。新学期が始まるまでの春休み。

　みなさんは，どのような気持ちで春休みをむかえているでしょうか？

　初めて出会う子ども達に対する，期待に満ちたワクワクした気持ちでしょうか？それとも，うまくいくかどうか不安な気持ちでしょうか？

　色々な気持ちがある中だとは思いますが，私は1年間を通して，どのように成長させたいか，「願い」と向き合うことを大切にしています。

（2）「願い」との向き合い方

　自分の願いと向き合うために大切にしていることが

実態把握

です。6年生になると，問題が複雑に絡まり合っていて，すぐに解決することができない問題がたくさんあります。前年度，1年間をどのように過ごしてそのような状態になったのか，現状を知っておきます。その現状をもとに，どんな学級に成長させたいのか，「願い」を考えていきます。私は実態把握をする上で主に，次の3つの実態を把握することを心がけています。

①子ども一人一人はどのような子か
②子ども同士の人間関係はどのような状態か
③保護者は学校に対してどのような対応をしていたか

①子ども一人一人はどのような子か

- 学級ではどのような様子であったか
- 困っていたことはどんなことだったか
- 学習のつまずきはないか

②子ども同士の人間関係はどのような状態か

- 仲のいい子は誰か
- 相性のよくない子は誰か
- 男女の仲はどのような状態か

③保護者は学校に対してどのような対応をしていたか

- 協力的だったか
- 学校へのクレームがあれば，どのようなクレームだったか
- 相性の悪い保護者はいないか

と向き合います。実態把握は大切です。しかし，実態把握に縛られ過ぎてしまうと，これから出会う学級の子達へネガティブな感情が大きくなりすぎてしまいます。引き継ぎに振り回されないように実態把握をした上で，子ども達の成長させていきたい姿を明確にしていきます。

まとめ

①前年度の実態を把握する
②「願い」と向き合う

2 卒業するときの姿を思い浮かべる

　私は卒業するときの姿を思い浮かべることを大切にしています。子どもたちとまだ会ってもいない春休みです。始まってもないのに，

　（もう卒業式！？）

と思われた方もいらっしゃるかもしれませんね（笑）

　卒業するときの姿を思い浮かべることは，

　ゴール像を明確にするため

です。6年生は，当然のことですが小学校で6年間過ごしてきました。その6年間の最後の授業が卒業式。

　年間を通して子ども達を成長させるためには，最後の授業である卒業式の時に，どのような姿に育っていて欲しいか，ゴール像を明確に持っていることがとても大切です。ゴール像を持っていることで，次のようなメリットがあります。

①実態の把握をしやすくなる

　ゴール像と目の前の子の姿を比べることで，その差異の原因を考察し，実態を把握しやすくなります。

②方向性の明確化ができる

　教師は，児童の実態をふまえた上で，ゴールに向けた具体的な計画や戦略を立てることが可能となり，方向性を明確化できます。

③優先順位の設定ができる

　ゴールに向けて，何が重要で何がそうでないかを判断することができ，するべき実践を効果的に選択することができます。

④子どもの動機づけにつながる

　ゴールに対する成長の仕方を定期的に確認し共有することで，意欲を引き出し，効果的な調整や改善につなげることができます。

⑤成功の達成感を味わわせられる

　明確なゴールがあることで，子ども達の成功体験を肯定的に評価することができます。これが子ども達の自尊心や自己効力感を高める要素となります。

　どの学年も大変で，優劣があるわけではありませんが，6年生は本当に大変な学年です。しかし，6年生担任にしかない強みがあります。それが，

・卒業を意識させられること

・最高学年としての責任感を持たせられること

です。私がこれまで受け持った6年生は，5年生だった頃に大変だった学年だったとしても，最高学年という自覚を持たせ，卒業に向けて成長させようと意識させると，自分たちの行動を改めようとしてくれました。

　子どものいない春休み中に，6年生の1年間のゴール像である卒業するときの姿を明確にすることで，教師のするべきことが明確になったり，子ども達の意識を高めたりできるようになります。

まとめ

　①1年後のゴール像を明確にする

　②ゴール像をもとに，学級経営をしていく

3 年間の見通し

（1） 見通しを持つ

　卒業を意識し，ゴール像が明確になったら，１年間で行う「実践」を考え
ていきます。実践を考える上で，１年間の見通しを持ちます。
　確認するのは次の３点です
①学校行事
②学習の進度
③学級の成長

①学校行事

　６年生は行事がたくさんあります。しかも学校の中心的存在となって活動
しなければなりません。例えば，次の活動をおさえておきます。
　　○１年生との関わり
　　　・朝の準備　　・給食当番　　・ペア活動
　　○学校行事
　　　・始業式・入学式・運動会・学習発表会・校外学習・修学旅行
　　　・６年生を送る会・卒業式
　　○季節部
　　　・陸上　　・合唱

②学習の進度

　６年生の学習は４・５年生と比べれば学習内容は少ないかもしれません。
しかし，内容が難しかったり，度重なる行事の中で授業をしなければならな
かったりし，学習の進度が遅れてしまうことがしばしばあります。
　だからこそ，何月にどのくらい進んでおくか見通しを持っておくことが大

切です。見通しは，節目ごとに持つようにしています。

　私は，2期制の学校に勤めています。ですので次の4つの節目を意識して学習の進度の見通しを持つようにしています。

　○夏休み前（7月後半）　　○前期終了（10月前半）
　○冬休み前（12月前半）　　○学年末テスト（2月後半）

③学級の成長

　①学校行事と②学習の進度の見通しの確認をすることができたら，③学級の成長の見通しを持ちます。

　例えば…6年生の最初の仕事である，入学式の準備にはどのような姿で取り組んでほしいでしょうか？1年生とはどのように関わってほしいでしょうか？運動会や学習発表会は？毎日の授業は？

　それぞれの節目ごとに育ってほしい姿を，願いをもとに明確にしていきます。

（2）　願いやゴールは明確にならなくても大丈夫

　ここまで，願いやゴールを明確にして見通しを持つということが大切だと語ってきました。しかし，（願いなんて明確にないよ）という方がいるかもしれません。安心してください。明確に決まっていなくても大丈夫です。年度途中に願いは変わることもありますし，だんだんと決まってくることもあります。

　大切なことは，「自分の願い」や「6年生」と向き合うことです。私は，自分自身や子どもと向き合うことで，1年間が大きく変わると感じています。

> **まとめ**
>
> ①年間の見通しを持つ
> ②1年を通してどのような成長をさせたいか明確にしていく

ある年の春休み

（1） 大変だった前年度

　ある年，私は6年生の担任になることが決まりました。その子たちは，前年度5年生だった時，学級が荒れてしまいました。

　私は隣の教室だったので，その子達をよく見ていました。

　子ども達は担任に背を向け，授業妨害。下ネタやネガティブな言葉が飛び交い，担任だけでは授業を成り立たせることができず，いつも誰かが学級に入っていました。

　子ども同士の人間関係も悪く，誰かを小馬鹿にした発言も多く，傷ついている子がたくさんいました。

（2） 実態を聞く

　私は，学級全体が大変なのだと思っていました。しかし話を聞くと，

> 「2人の子が大変なんです。大きな声で授業中に暴言を吐いて授業妨害してくるんです。ひどい言葉もたくさん言っています。この2人に引っ張られて騒がしくなってしまう子が数人います。他のほとんどの子は頑張ろうとしているんですけれど，怖くて何もいえない状態なんです。」

と，ある特定の子が引っ掻き回している状態だったのです。

　そして，私はある言葉が気になりました。

> 「この2人はほめられたがりなんですけれど，いいことをしないので全くほめるところがないんです。」

（3） 「願い」と「卒業式の姿」を決める

　私はその話を聞いて，子どもが「自分を見て」と，言っているような気がしました。自分を見て欲しいのだけれど，傷つく言葉でしか人から注目を集められない。その結果，人を傷つけ，自分も傷つけてしまっている。そんなことを思いました。なので，その年の願いを次のように決めました。

> 　人も自分も大切にして成長できる１年にしたい

そして，卒業式では，

> ・ポジティブな言葉を言い合って卒業していく
> ・男女問わず仲良く関わり合って卒業していく

そんな１年にしたいと思いました。

（4） 「願い」×「つながる力」

　「願い」を決めて「ゴール像」を明確にしました。不思議なもので，ここに出てくるものの多くは，「人とのつながり」になることがほとんどです。
　教師の「願い」を明確にし，年間を通してどのようにして子どもの「つながる力」を成長させていくか考えていくことで，成果の上がる実践につなげることができるようになります。

まとめ

① 「願い」を明確にする
② 「卒業式」の姿を明確にする

ゴールに向けて「戦略」と「戦術」を立てる

✳ 「戦略」と「戦術」？

「願い」と「卒業式のゴール像」が決まったら「戦略」と「戦術」を立てていきます。戦略と戦術…言葉が似ていますね（笑）具体的に次のような意味があります。

○戦略

> 組織などを運営していくについて，将来を見通しての方策
>
> 　　　　　　　　　　　　　　　「大辞泉第3刷」（小学館）

○戦術

> ある目的を達成するための具体的な方法・手段
>
> 　　　　　　　　　　　　　　　「大辞泉第3刷」（小学館）

　1年間を通して，どのような学級にしたいかのゴール像は「2-04卒業式」でお話しさせていただきました。そのゴールに向けて，**どのように進んでいくか「戦略」**を立て，**どのようなことを具体的にするか「戦術」**を考えていきます。

①「戦略」を立てる
　ゴールに向けて私が大切にすることは大きく分けて次の2つです。
・**言葉の環境を整えること**
・**認め合える人間関係づくりをすること**

子ども同士がつながる学級にするための土台は「言葉」だと考えています。人は言葉で思考します。よい言葉を使えればよい思考になり，よい行動につながります。言葉を整えることがよい人間関係につながるのです。

　ですが，言葉が整っても，子どもの力だけで認め合える人間関係をつくることはできません。そこで，認め合える人間関係づくりをする場を意図的に仕組んでいきます。

② 「戦術」を立てる

　言葉の環境を整えるために具体的にすることは，例えば

- **ふわふわ言葉・ちくちく言葉**
- **価値語**
- **ポジティブ言葉**　　　　　　　　　　　　　　　　**など**

の指導です。教師が意図的に使ったり，教室に掲示したり，子どもが使えるように指導をしていきます。

　認め合える人間関係づくりをするために具体的にすることは，例えば

- **帰りの会の日直へのサンキュータイム**
- **友達のよいところ探し**
- **学級レク**　　　　　　　　　　　　　　　　　　　**など**

です。よいことを見つけ，伝え・伝えられるよさを子どもに実感させます。また，学級レクを通して人とのよい関わり方も身につけさせていきます。

　「ゴール」に向けて「戦略」と「戦術」を考え，つながる力を高める学級経営を目指します。詳しくは，3章以降でご紹介いたします。

> **まとめ**
>
> ① 「戦略」を立て学級の方向性を明確にする
> ② 「戦術」を立て具体的な実践を明確にする

同学年の大人とも「つながる」

（1）　6年生は学年で動くことが多い

　6年生は比較的学年全体で動くことが多いように感じます。私が経験したことがあるものだけ考えても，
　　　・入学式準備　・運動会　・校外学習
　　　・委員会活動　・クラブ活動
　　　・学習発表会　・6年生を送る会　・卒業式
　他にも，年間の部活動や季節部などがある学校も多いと思います。ですので，年間を通して活動がうまくいくよう，学年で大人同士がつながっておくことも大切です。

（2）　同学年の先生とつながる

　では，いったいどうしたら大人同士でつながれるのでしょうか？
　何も特別なことをしなくてもいいと思います。困ったことがあったら相談したり，何気ない会話をしたりすることで十分だと思います。
　春休みは，事務仕事を一緒にすることが多いと思います。その時に，楽しく会話をしたり，協力したりしながら仕事を進めたりします。
　一緒にお昼に行く余裕があれば，勇気を出して誘ってみるのもいいかもしれませんね！

（3）　春休み中に確認したいこと

　さて，同学年が複数学級だった場合，1年間の方向性を共有しておくことが大切です。もし，自分が学年主任なら，ワンペーパーで資料をつくり，次のようなことを共有します。

> ○学年目標　　○卒業式の時の姿　　○１年間の行事の予定
> ○授業の進度　　○１年生との関わり　　○日常生活の過ごし方
> ○卒業式の時の姿を具現化するための「戦略」と「戦術」
> ○行事ごとの役割分担

春休み

4月

5〜7月

9〜12月

1〜3月

　今までご紹介したことですね（笑）気をつけなければならないのは，学年主任が一方的に押し付けないこと。自分の意見は伝えつつ，

　「どんな学年にしたい？」

　「学年でどんな取り組みをしていく？」

と，同学年の考え方を尊重し，一緒に卒業式の時の姿を共有し，「戦略」と「戦術」を練っていきます。可能であれば，行事ごとに役割分担を決めます。役割を持ってもらうことで，主体的に学年に関わってもらえるような仕組みをつくります。自分が学年主任でなければ，上にご紹介したことを意識しながら，学年主任の話をよく聞きます。学年主任に任せきりにせず，自分も主体的に学年に関われるようにします。

（4）　つながる人とコミュニケーションを取る

　他にも，管理職をはじめ，養護教諭や専科や少人数指導の先生など６年生に関わってくれる方とのコミュニケーションをよく取ります。たまに，立場によって態度を変える人がいるようですが，NGです。どんな立場の人とも１人の人として関わっていくことが大切です。

まとめ

> ①同学年と主体性を持って関わる
> ②６年生に関わってくれる方とのコミュニケーションを大切にする

7 学級事務でつながる

（1） 学級事務の考え方を変える

　ここまで，子どもと直接的に関わるためのお話をたくさんしてきました。しかし，春休みは子どもと直接関わる仕事ばかりではありません…。そうです！会議や事務仕事がたくさんあるのです！

　めまいがしそうなほど多い会議や事務仕事。それらの仕事もただこなすだけならばただの会議や事務仕事になってしまいます。ですが，「子どもとつながる」と思えば子どもとつながる会議や事務仕事にすることができます。

　例えば…

提案を聞く　…　子どもとどのように取り組んでいくか想像する
提案をする　…　子どもをどのように成長させたいか考える
指導要録や保健の資料の整理　…　子どもの名前と向き合う
教室環境の整理　　　　　　　…　子どもとの出会いを想像する

　まだ出会ってもない子ども達ですが，事務仕事を通して，子ども達とつながろうと心がけることで，会議や事務仕事をいつもよりも少しワクワクした仕事にすることができます。

（2） 指導要録に目をとおす

　春休み中に引き継ぎや噂話で子どもの情報を耳にします。どうでしょうか？そのほとんどが**ネガティブな情報**ではないでしょうか？

　みんな子ども達を悪く見ている訳ではないと思いますし，悪気はないと思います。しかし，引き継ぎをする上で，**気をつけなければならないこと**を確認してしまうと，どうしてもネガティブな情報が増えてしまうのです。

仕方がないとはいえ，ネガティブな情報ばかり耳にしてしまうと，自分の気持ちも落ちてしまいます。そんな時私は

> 指導要録に目をとおす

ことをしています。指導要録にはネガティブな情報を書かない方針があります。ですので，その子のよい面にも目を向けることができるようになります。

この後，ご紹介する「出会いのサンキューカード」という実践があります。この実践は，指導要録を使って子どものよいところを伝えるという実践です。

まだ見ぬ子達で不安も多いですが，指導要録で子どもの様子を把握すると，子どものよい面が見え，出会いがワクワクしてきます。

（3） 学級びらきの準備をする

学級びらきの準備もとても大切です。学級びらきに関しては，3章で詳しくお話しするとして，春休み中，次のことを同学年にさりげなく聞いておきます。

「どんな学級びらきにしますか？」

「何か学年で共通しておさえることはありますか？」

私は確認をしておらず，

（えー！そんなことしたの！聞いておけばよかった！）

と思うことがたくさんありました（笑）学級びらきは子どものことを考えられるので，楽しく話を進められます。

まとめ

①子どもとのつながりを意識して事務仕事をする

②子どものよい面にも目を向けられるようにする

2 学級の土台をつくる

4月

1 学級びらき

（1） 学級びらきのさまざまな方法

みなさんは，どのような学級びらきを行いますか？例えば，

・あいうえお作文で自己紹介
・子どもに自己紹介をしてもらう　　・紙芝居を使う
・ミニレクをする　　・かぶりものをして登場し，ドッキリをする
・始業式のよかった姿をほめる　　・黒板アートで出迎える　　　など

学級びらきにはいろいろな方法があります。さまざまな方法のある学級びらきに子ども同士が「つながる力」をつける視点を取り入れます。

（2） 具体的な実践

①教師の自己紹介クイズ

教師について予想してもらい，一致しているか楽しんでもらいながら自己紹介をします。

クイズを利用して，「ラーメン好きな人？」などと，子どもに聞いて挙手してもらい，教師と子どもで楽しく会話をしながら進めます。その際，「○さんと○さんもラーメン好きなんだね。」と，手を挙げた子どもをさりげなくつなげます。

自己紹介クイズ

名前 (　　　　　　　　　　　)

先生の自己紹介クイズです！
それでは、（　）の中に〇か×を書いてください☆

	予想	自分	実際
1　好きな食べ物はラーメンだ	（　　）	（　　）	（　　）
2　スイカが苦手だ	（　　）	（　　）	（　　）
3　好きな色はピンクである	（　　）	（　　）	（　　）
4　サッカーをやっていた	（　　）	（　　）	（　　）
5　卓球をやっていた	（　　）	（　　）	（　　）
6　ギターを弾ける	（　　）	（　　）	（　　）
7　吹奏楽をやっていた	（　　）	（　　）	（　　）
8　みんなの成長を願っている	（　　）	（　　）	（　　）
9　ネガティブ言葉が嫌い	（　　）	（　　）	（　　）
10　みんなと一緒にいいクラスにしたい	（　　）	（　　）	（　　）

何問正解しましたか？
みなさんが私の事を身近に感じてくれたら嬉しいです。
一緒に良い学級をつくっていきましょうね！

それでは、1年間よろしくお願いします。

②出会いのサンキューカード

　クイズを通して，教師と子ども，子ども同士で親近感が生まれたところで，子どもたちのいいところを伝える，出会いのサンキューカードを1人1枚ずつ読みながら，全員に渡します。

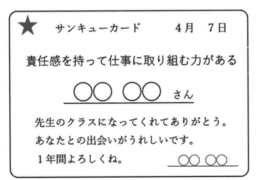

　これは，あらかじめ指導要録を読んでおいて，カードによいところを書いておいたものです。

① 「君にはこんないいところがあるんだよ。」
② 「この子にはこんないいところがあるんだよ。」

と，その子自身と周りの友達にもいいところを伝え，ポジティブな感情でつながることを意識しながら渡します。

③子どものよいところを見つける

　始業式から子どものよいところを見ておきます。見つけたよいところは，どんな学級にしたいか教師の「願い」を語る部分で子ども達に伝えます。

　教師が子どものよいところを伝えることで，子ども同士で，（あの子はこんないいところがあるんだ）と思ってもらうことができます。

④教師の「願い」を語る

　教師と子ども，子ども同士で打ち解けてきたら，「願い」を語ります。

「先生は，みんなの将来が輝く成長のできる１年にしたいです。

　○さんは始業式で一生懸命に歌を歌っていたね。出会いを大切にしようという気持ちが伝わってきたよ。

　○くんの姿勢はピシッとしていてとてもかっこよかったよ。全校のリーダーとしてとても頼り甲斐があると思いました。

　○さんは，先生があいさつをしたときに，拍手をしてくれたね！先生は，とても嬉しかったよ！

　始業式からまだ少ししか一緒にいないけれど，みんなのいいところをたくさん見つけました。このみんなのいいところはどれも，みんな

の将来が輝くためにとても大切なことです。みんなの将来がさらに輝くために，１年間一緒にさらに成長していきましょう。よろしくね。

　ところでみんなはどんな１年間にしたいかな？　今日の宿題はどんな１年間にしたいか考えてくることです。」

　子どものよいところを伝え，子どもをつなげながら，教師の「願い」を語り，どんなクラスにしたいか子どもと共有します。

（3）「学級びらき」×「つながる力」

　私の経験上でしかありませんが，６年生の学級びらきは他の学年と違って楽しいミニレクなどの実践をしても盛り上がらず，子ども同士のつながりができないことがほとんどでした。
　そこで私は，６年生の学級びらきでは

> 担任を軸に徐々に子ども同士をつなげる

という感覚を大切にしています。急に子ども同士をつなげようとしてもつながることはできません。担任について知ってもらったり，子どものよいところを伝えたり，学級の方向性を共有したりすることで，「担任」という存在を軸にすることで子ども達を徐々につなげます。

まとめ

①ねらいを持って学級びらきを考える
②教師と子ども，子ども同士をつなげる意識を持つ

【参考文献】鈴木優太『教室ギア55』東洋館出版社，2021

入学式準備

（1） 6年生の初仕事

　始業式が終わり，学級びらきが終わったら早速初仕事。入学式の準備です。

　学級びらきで出会ったばかりの子ども達にとって，入学式の準備は，

　　・チームワークがない

　　・緊張感が大きい

という状態で取り組まなくてはいけないので，とても難しいものです。しかし，全校のリーダー，そして1年生のためということで，

前向きな気持ち

だけは，出会ったばかりの課題など吹き飛ばすほどに満ちあふれています。このやる気にしっかりとアプローチして，入学式の準備をします。

（2） 入学式準備

①入学式準備の段取りを立てておく

　春休み中に提案された入学式の詳細についてしっかりと把握し，準備の段取りをしっかりとしておきます。

②やる気を引き出す言葉かけをする

　学級または学年全体で集まり，子ども達にやる気を引き出す言葉をかけます。私は，次の2つのポイントとキーワードを意識しています。

・気持ちに訴える「最高学年」「全校のリーダー」「1年生のため」

・具体的な動き　「協力」「素早い動き」「自分で仕事を見つける」

　これらのキーワードを意識して子ども達に声をかけます。

③ポジティブな評価をする

　活動が始まったら，子ども達にたくさんポジティブな言葉をかけます。ポイントは，②の言葉を使って

「協力してるね！」「動きが素早いね！」「さすが最高学年！」

と，言葉をかけること。指導に一貫性が生まれます。

④成功を喜ぶ

　うまくいったこともそうでなかったこともあるでしょう。しかし，6年生にとっては初仕事です。よいところに目を向け教師と子どもで成功を喜び合います。喜びの感情を共有することで子ども達に達成感を味わってもらいます。

（3）「入学式準備」×「つながる力」

　入学式準備でつながる機会はたくさんあります。例えば，
「重い荷物を持つ」「数の多いイスを並べる」「自分たちで仕事を探す」
つながる力を発揮しているシーンを見つけ，
「重い荷物を協力して運んでるね！ありがとう！」
「ここの3人はチームワークが取れていてイス並べが素早いなぁ」
「○さんと○さんは，よく自分で仕事を探しているね！」
と，つながることを意識してポジティブな言葉をたくさんかけます。出会ったばかりでつながれていない子ども達だからこそ，つながりに対してポジティブな声かけをすることで，つながるよさを実感させます。

> **まとめ**
>
> ①子ども達のやる気にアプローチする
> ②つながるシーンを見つけ，ポジティブな声かけをする

6年生がどのような学年か共有する

　始業式・入学式と怒涛の日々が終わり，ちょっとひと段落（それでも忙しい毎日ですが…）。ここで改めて，どんな1年にしたいか子ども達と共有します。

（1）　6年生がどのような学年か共有する

　学年ごとによる特性を担任がしっかりと把握しておくことが大切です。6年生の特性を私は次のように捉えています。

> ①最高学年であり，全校のリーダーであること
> ②卒業式が6年間の最後の授業であること

　この特性を子どもと共有し，共通の目標として意識を高くすることで，子ども達の主体性や協働性を高めることができます。

（2）　最高学年であり全校のリーダーであること

　子ども達と一緒に全校のリーダーとは，どんなリーダーなのか，色々な機会で共有します。

　「みんなはこれらのリーダーになる機会がたくさんあります。全校のリーダーとなるとき，どのように取り組んでいきますか？」

と伝え，4月に全校のリーダーとしての心構えを子どもと一緒につくります。この心構えと関連付けながらこの後の章でお伝えする，具体的な実践をしていきます。

（3） 卒業式が６年間の最後の授業であること

卒業することを子ども達はなんとなく理解しています。しかし，卒業式がどのようなものなのかは実感がありません。そこで，

「卒業式はね。今までの６年間の最後の授業なんだよ。その最後の授業が終わった時，どんな姿になっていたい？」

と，声をかけ，48ページで紹介した教師の思い描く卒業式後の姿と，子どもの思い描く卒業式後の姿を共有していきます。そうすることで，子どもにもゴール像が描かれ，学級の共通の方向性を設定することができます。

（4）「６年生の特性を伝える」×「つながる力」

６年生がどのような学年か子ども達と共有することで，共通の目標を持つことができます。共通の目標ができることで，自然な雰囲気の中でつながる空気感をつくることができます。

子どもは，仕組みだけでなく**空気感**にも従います。

ですので，子ども達がつながるための空気感をつくることも教師の大切な役割だと考えます。

この時だけでなく，日常から教師がつながる空気感をつくる話をすることで，子どものつながる力をつくるための土台をつくることができます。

まとめ

①６年生がどのような学年か共有する
②つながる空気感を教室につくる

4 ゴール像を共有する

（1） 卒業式の姿を共有する

　春休み，ゴール像を明確にするために，どのような姿で卒業するか思い浮かべることをお話しさせていただきました。このゴール像を子どもと共有します。

　「先生はこんな姿になって欲しいよ。」

　「みんなはどんな姿で卒業したい？」

と，教師と子どもの思いを共有し，共通のゴール像をつくっていきます。

（2） ある年のゴール像

　私はある年，6年生のゴール像を

> 「将来が輝く成長をする6－1」

としました。

　今年1年間，辛いこともあれば楽しいこともあります。その全てが将来輝くことにつながって欲しいと考えたからです。そして，それを実現するために，次の5つの力を身につけて欲しいと思いました。

> ①人生を輝かせる言葉の力
> ②自分を磨く正しい努力
> ③成果が上がる高めあう協力
> ④よさを生かして人を喜ばせる力
> ⑤未来を開く自己成長力

共有したゴール像と５つの力を掲示物にして教室に掲示しました。

将来が輝く成長をする6-1

6-1で身に付ける5つの力
①人生を輝かせる言葉の力
②自分を磨く正しい努力
③成果が上がる高め合う協力
④よさを生かして人を喜ばせる力
⑤未来を拓く自己成長力

（3）「ゴール像を共有する」×「つながる力」

　ゴール像が学級の中で共有されると，それを意識して成長しようと同じ方向を向くことができ，つながりが生まれます。同じ方向を向いたつながりは，毎日の授業，日常生活，学校行事，突発的なトラブルなど，さまざまな場面でつながる力が成長する機会につながります。

　しかし，年度はじめに共有したことは忘れてしまいます。ですので，掲示物にしていつでも振り返れるようにしながら，ゴール像を常に共有できるように心がけています。

> **まとめ**
>
> ①春休みに決めたゴール像を子どもと共有する
> ②掲示物にして残し，いつでも振り返られるようにする

春休み

4月

5〜7月

9〜12月

1〜3月

1年生との交流は6年生のため…と考える

（1） 1年生との交流の心構え

　1年生と6年生が交流している学校は多いでしょう。もちろん1年生のために行われる活動ですが，6年生担任は，

　6年生の成長のために，1年生と交流させてもらっている

と，考えることが大切だと考えています。1年生と交流することで，
・リーダーシップと責任感が芽生える
・人とのつながりを深める力が身につく
・自分の成長に気づく
など，6年生にとって大きな学びの機会になるからです。

（2） 1年生との交流

①1年生のサポート活動

　給食の準備や清掃など，1年生をサポートする機会があります。1年生の担任と相談して，具体的な仕事や人数分担を決めます。

②縦割り活動

　1年生を迎える会などの全校行事や1年生と遊ぶペア学年交流など，1年生と交流する機会を意図的につくります。

③休み時間

　1年生と一緒に遊ぶことを6年生に推奨します。6年生が1年生をおんぶしたり，6年生に1年生が群がっているシーンはとても素敵です。

（3）「１年生との交流」×「つながる力」

　１年生との交流で身につけさせたいつながる力は，

> 　人との関わり方

です。例えば，

- ・優しく接するためにどんな言葉遣いをするか
- ・話を理解してもらうためにどのように伝えるか
- ・目線をどのように合わせるか（ひざをついて話す）

など，１年生の立場に立って話したり行動したりすることを意識づけさせていきます。相手が１年生だからこそ，真剣に考えることのできる６年生はたくさんいます。それが６年生にとって大きな学びとなります。

　そして，ここでの学びを６年生の学校生活に還元します。１年生との交流で学んだことを話し合い，
　「友達にどんな言葉遣いをするか」「どんな伝え方をするか」「目線をどのように合わせるか」
改めて学級の友達との関わり方について考えさせ，つながる力を高めます。

まとめ

① ６年生のための活動だと考える
② １年生との関わり方を６年生同士の関わり方に生かす

6 　学級目標づくりの土台づくり

（1）　学級目標づくりの３パターン

　気づいたらただの風景になってしまう学級目標。しかし効果を持たせれば，子ども達の成長につながる必要不可欠な「軸」となります。ところでみなさんは，学級目標をいつ頃つくりますか？

A　学級が始まってすぐの４月のうち
B　しばらく経った５月以降
C　そもそもつくらない

　学級目標に対して，いろいろな考え方があります。どの考え方だとしても，担任がしっかりと考えを持っていることが大切です。私は，言葉の環境や認め合う文化の育ち始めたBの頃に学級目標をつくっています。

（2）　４・５月は学級目標づくりの準備期間

① 「願い」の共有
　４月，このようなやりとりをして教師の願いを子どもに語り，子どもの願いを聞きます。

> T　「今年１年間で，将来が輝く成長をして欲しいと願っているよ。
> 　　みんなは，どんなクラスにしたい？」
> C　「楽しいクラス！」
> T　「将来が輝く成長のできる，楽しいクラスをつくっていこうね！」

②ポジティブな言葉を教える

　人は言葉によって思考します。ですので，4月のうちに気持ちを前向きにするポジティブな言葉をたくさん教えます。ことわざや四字熟語など，いろいろとありますが，この後にご紹介しますが，オススメしているのは，菊池省三先生の「価値語」です。例えば，

　「一人が美しい」

　群れないで，一人で頑張った人が成長するのです。

　「出席者でなく参加者になる」

　その場にいるだけの出席者ではなく，意見を言って積極的に参加しよう。

など，学級経営において成長する言葉がたくさんあります。

③教えた言葉を使いながら子どもをほめる

　例えば掃除の時間，一人で黙々と掃除をしていたら，

　「一人が美しい姿で取り組んでいるね。ありがとう！」

　授業中に前向きな姿勢で取り組んでいる子がいたら，

　「○さんは出席者ではなく，参加者の姿ですね。素敵です！」

と，②で教えた言葉をもとにたくさんほめます。

（3）「学級目標づくりの土台づくり」×「つながる力」

　①子どもと願いを語り合い，②ポジティブな言葉を教え，③子どもをほめることを繰り返すことで，ポジティブな言葉が広がります。ポジティブな言葉は「つながる力」の根幹です。学級目標の土台づくりはつながる力をつけるための土台づくりとも言えます。

> **まとめ**
>
> ①願いを共有し，言葉を教える
>
> ②ほめて，言葉を広げていく

ふわふわ言葉・ちくちく言葉

（1） 言葉によるトラブル

　学級でのトラブルの根幹は，言葉がほとんどです。逆に，学級の前向きな雰囲気の根幹も言葉です。

　「学級経営で大切なことを一つだけあげるなら？」

　こう聞かれたら私は間違いなく，

> 言語環境

と，答えます。私達が思っている以上に言葉の力は大きいものです。言葉が前向きなら子どもたちは前向きにつながり，言葉が後ろ向きなら子どもたちはうまくつながれません。

　年度はじめにポジティブな言葉を教え，学級の言語環境を整えることで1年の学級経営が大きく変わります。

（2） ふわふわ言葉・ちくちく言葉

　ふわふわ言葉・ちくちく言葉は新潟上越教育大学の赤坂真二先生のご実践です。気持ちがふわふわするようなポジティブな言葉と気持ちがちくちくするようなネガティブ言葉を話し合い，ちくちく言葉をなくし，ふわふわ言葉を増やすという実践です。

　私は次のように学級で実践しています。

① 「言葉」の大切さを伝える

> T 「みんなは，バカとかアホとか言われて傷ついたことがある？」
> C 「ある。」
> T 「言葉っていうのは，うまく使えば人に元気を与えたり，自分の
> 　気持ちを前向きにしたりできるんだ。逆に使い方を間違えれば，
> 　人も自分も傷つけてしまいます。先生は，人を傷つける言葉をこ
> 　のクラスからなくし，人に元気を与えたり気持ちが前向きになる
> 　言葉を増やしたいと思っているよ。みんなはどう思う？」

このようなやりとりをして，言葉の大切さを伝えます。

② ふわふわ言葉・ちくちく言葉について話し合う
・今まで言ってもらったふわふわ言葉をあげる
・このクラスに増やしたいふわふわ言葉の1位〜3位を決める
・ちくちく言葉も同じように話し合う

③ 掲示物をつくる

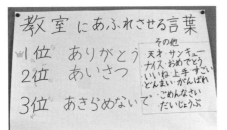

掲示物は，ただ貼っているだけなら飾りになってしまいます。ふわふわ言葉を使っている子がいたら教師が一番に喜び，ちくちく言葉を使っている子がいたら悲しみます。

　学級の実態によって，ちくちく言葉は掲示しない方がよい場合もあります。

（3）「ふわふわ言葉・ちくちく言葉」×「つながる力」

　ふわふわ言葉・ちくちく言葉の指導をすると，友達同士での関わる言葉が変わります。何も指導しなければ，

　「バカじゃねぇの」「ウザっ」「キモい〜」

などの言葉が当たり前のように飛び交います。テレビや YouTube，学校以外の言語環境の影響が教室にもあるように感じます。子ども達にとって，このような言葉でコミュニケーションを取ることは当たり前のようです。

　しかし，子ども達はしっかりと傷ついています。

　人を傷つける言葉を

　「ありがとう」「嬉しい」「ドンマイ」「楽しい」

と変えることで，友達同士のコミュニケーションが変わってきます。コミュニケーションが変わると，子ども同士の関係もとてもよいものに変わります。

　よい言葉でつながれる文化を学級でつくることが，よりよい「つながる力」を身につける第一歩となります。

まとめ

①言葉の大切さを伝える

②ふわふわ言葉・ちくちく言葉の話し合いをする

8 子どもを成長させる言葉

（1） 成長する言葉を教える

　ポジティブな言葉には，ふわふわ言葉・ちくちく言葉以外にも，

> 子どもを成長させる言葉

があります。誰かの名言や四字熟語，論語などの普遍的な言葉をポジティブ言葉として教えると，子どもは言葉を軸にして成長につなげてくれます。私は，菊池省三先生の価値語を子どもを成長させる言葉として教えています。

（2） 価値語

　価値語とは，菊池省三先生のご実践である，「子どもたちの考え方や行為をプラスの方向に導く，価値ある言葉」です。

① 「価値語」を教える

> ・一人が美しい
> 　群れないで，一人で頑張った人が成長するのです。
> ・他己中
> 　自己中は自分中心。いつも相手を思いやれる人になろう。
> ・沈黙の美しさ
> 　何もしゃべらないで一生懸命集中している姿は美しい　など。

の価値語を教えます。
　私は，『価値語日めくりカレンダー』（中村堂）を使って教えています。

②子どもを観察する

　価値語を教えると，価値語を意識して行動する子が出てきます。その子の行動を見逃しません。

③価値づけして広める

　子どもの行動を価値語を使って価値づけし，広めます。

　例えば休み時間，困っている友達を助ける子を見つけたら
「他己中の姿がステキでしたよ。」
　自習で静かに取り組めていたら
「沈黙の美しさが表れている自習です。すばらしい！」
と，価値づけをしてたくさんほめます。

　子どもの行動と価値語を価値づけを通して結びつけることで，価値語が子どもに根付いていきます。価値語が根づくと，子どもは価値語を意識して成長につなげられるようになります。

　価値語だけでなく，誰かの名言や四字熟語など，子ども達の成長につながる言葉もおすすめです。例えば私が好きな名言は，

「成功の反対は失敗ではなく，挑戦しないことである。」
（トーマス・エジソン）
「楽しいから笑うのではない。笑うから楽しいのだ。」
（ウィリアム・ジェームズ）

　人は，言葉によって思考します。価値語や名言，四字熟語のような言葉を教えると，子どもの思考が変わり，行動が変わってきます。言葉による行動の変化と，言葉を結びつけることで，言葉の改善と行動の改善で，子ども達の成長につなげることができます。

（3）「子どもを成長させる言葉」×「つながる力」

　子どもを成長させる言葉は，子どもが自分自身を成長させる言葉であると同時に，

> 　友達のよいところを見つけるための言葉

とも感じています。例えば教師が，

> 「○さんが笑ってくれてるから，学級も楽しい雰囲気になるね。」

と，教えた言葉を元に子どもに声かけをすれば，
　（○さんの笑顔って素敵だな）
　（学級が楽しいのは○さんの笑顔のおかげだな）
と，それが子どもが子どもを見る視点になります。
　逆に，ネガティブな言葉しか知らなかったら，ネガティブな視点でしか子どもを見ることができません。ポジティブな言葉を教えることで，ポジティブな視点で関われるようになります。

まとめ

①ポジティブ言葉を教える
②行動に教えた言葉で価値づけして広める

【参考文献】
菊池省三『菊池省三先生の価値語日めくりカレンダー』中村堂，2014

春休み

4
月

5〜7月

9〜12月

1〜3月

9　ポジティブな言葉を使う練習をする

（1）　言葉は教えても使えない

　ここまで，ポジティブな言葉の実践をたくさん紹介させていただきました。しかし，いくら言葉を教えても，子ども達は

> **全くと言っていいほどポジティブな言葉を使えません。**

　使えないだけならまだいいものです。教えても廃れてしまうのなら，言葉を大切にしない文化が広まってしまい，それは学級にとって逆に悪い影響になってしまいます。

　ですので，言葉を教えるだけでなく，教えたポジティブな言葉を子どもが使えるようになるまでをワンセットにする必要があります。

（2）　ポジティブな言葉を使う機会

　ポジティブな言葉を使えない理由。それは，ポジティブな言葉を使ったことがないから。ポジティブな言葉を使ったことがないのならば，

> **ポジティブな言葉を使う機会を意図的につくります。**

　例えば，次のような場面でポジティブな言葉を使います。

○プリントを渡す時

> 「お願いします」→「ありがとうございます」

これは，有田和正先生の「どうぞ」→「ありがとうございます」のご実践を参考にした実践です。「どうぞ」の部分を「お願いします」にしました。「お願いします」→「ありがとうございます」のやりとりができるようになることで，お互いを尊重し合ったやりとりができるようになります。

○何かに挑戦する時

> 「ようし，やるぞ！」

　「今から○○をします」と，声をかけると，ほぼ100％「えー！」「めんどくさ」という言葉が口癖のように発せられます。その時に
　「気持ちはわかる！でもね，「えー！」「めんどくさ」って言葉を口癖にしてずっと使っていると，これからやりたくないことだらけで何にも挑戦できない人生になってしまうよ。そんな気持ちになった時だからこそ，「ようし，やるぞ！」と，口先だけでも言ってみよう。ポジティブな言葉を口癖にすると，これからの人生が大きく変わるよ。では，「ようし，やるぞ」を言う練習をします」
と言って，子どもにポジティブな言葉を使ってもらいます。これを続けることで，挑戦する時に，少しずつポジティブな言葉を使えるようになります。

（3）「ポジティブな言葉を使う機会」×「つながる力」

　日常からポジティブな言葉を使う練習をすることで，友達同士の言葉のやりとりがポジティブになってきます。そうすることで，傷つけ合うのではなく，勇気づけ合ったり優しく寄り添ったりするつながりに変わっていきます。

まとめ

> ・日常からポジティブな言葉を使う練習をする

10 朝の会

（1） 朝の会の目的

　朝の会は，担任の話が届きやすいように感じます。そこで，私は，次のような目的意識を持って取り組んでいます。

・子どもの健康状態の把握をする

・１日の予定の確認をする

・成長する意識を持たせる

・子どもの前向きな気持ちをつくる

（2） 朝の会のメニュー（例）

　私の学級のメニューをご紹介します。特に大切にしていることが，③健康観察④今週のめあて⑤先生の話です。

---

①朝のあいさつ … 子どもの前向きな気持ちをつくる

②朝の歌

③健康観察 … 子どもの健康状態の把握をする

　「目を合わせて健康観察をしましょう」と言って，全員と目を合わせながら健康観察をする。ハンカチ・チリがみ・名札の確認をする。

④今週のミッション … １日の予定の確認をする

　背面黒板に書かれた教師の示しためあてを日直が読み上げる。

⑤先生の話 … １日の予定の確認をする

　子どもの前向きな気持ちをつくる。

朝の会

「これから，朝の会を始めます。」

①朝のあいさつ
「起立，気をつけ，おはようございます。」

②朝の歌
「音楽がかりさん，おねがいします。」
「ちゃくせき。」

③健康観察
「髙橋先生，お願いします。」

④今週のミッション
「今週のミッションは，〇〇です。」

⑤先生のお話
「髙橋先生，おねがいします。」

（3）「朝の会」×「つながる力」

○健康観察

　子どもは空気感に従います。健康観察は，１日の中で全ての子と関わることができる貴重な機会です。ですので，健康観察ではフルネームで呼び，目を合わせて健康観察することで前向きな空気感をつくります。この空気感をつくることが，つながる力を高めるためにもとても大切です。

○今週のミッション

　短冊黒板を横にして書いておきます。学習規律や行事に関することを目標にすることもありますが，

・男女問わず関わろう　・いつも関わらない人と関わろう
・友達のいいところを見つけよう

というように，人との関わりを目標に設定するようにしています。目標を設定することで，子どもは意識的につながる力を高めようとしてくれます。

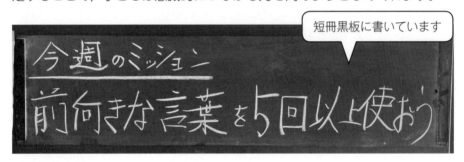

短冊黒板に書いています

○先生の話

　「願い」と関連づけて子どもの前向きな気持ちを引き出します。例えば，

　・最近のニュース　・最近の学級の様子　・自分の経験　・価値語　など

の話をします。ただ話すだけではなく，担任の「願い」と関連づけて話すことで，子どもに大切なことが伝わりやすくなります。

まとめ

①朝の会の目的を把握して取り組む
②「願い」と関連づけて大切なことを伝える

【参考文献】
飯村友和・松尾英明著『やる気スイッチ押してみよう』明治図書，2014

帰りの会

（1） 帰りの会の目的

　帰りの会は，朝の会と比べて，子どもが主体的に考える機会として捉えています。私は次のような目的を持って行っています。

- ・１日の振り返りをする
- ・子どもの前向きな気持ちをつくる

（2） 帰りの会のメニュー（例）

　帰りの会で特に大切にしていることが，②サンキュータイム③今日の振り返り④先生の話です。

> ①係からの連絡 … １日の振り返りをする
> ②１分活動 … 学級のためになる仕事をする
> ③ミッションの振り返り … １日の振り返りをする
> 　朝の会のミッションに対する振り返りを４点満点でする
> ④サンキュータイム … 子どもの前向きな気持ちをつくる
> 　教師や子どもが日直のよかったところを伝える
> ⑤先生の話 … １日の振り返りをする，子どもの前向きな気持ちをつくる
> ⑥帰りのあいさつ … 子どもの前向きな気持ちをつくる

春休み

4月

5〜7月

9〜12月

1〜3月

帰りの会

「これから，帰りの会を始めます。」

①連絡

「お知らせのある人はいますか。」

②１分活動

「よーい，スタート！」

③ミッションの振り返り

「１〜４点で自己評価しましょう。」

④サンキュータイム

「髙橋先生，おねがいします。」

⑤先生のお話

「髙橋先生，おねがいします。」

⑥帰りのあいさつ

「起立。」「机の位置を揃えましょう。」
「気をつけ，さようなら。」

○ミッションの振り返り

　朝の会で共有した「今週のミッション（84ページ）」を１〜４点（４点がよい得点）で振り返ります。４点満点にすると，真ん中の数字がありません。ミッションを達成できてなければ１，２点，ミッションを達成できていれば３，４点と評価することになります。朝の会でミッションを意識し，帰りの会で自己評価することで，ミッションの意識づけをすることができます。

○サンキュータイム

　帰りの会で担任が日直のいいところを紹介
します。右のおにぎり一筆箋に，日直のよい
所を書き，帰りの会で読み上げ，連絡帳に貼
って渡すようにしています。

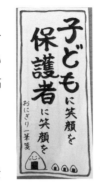

○先生の話

　今日の振り返りや子ども達の1日の様子を
見て，子ども達のよかったところや，担任が嬉しかったと感じたことを伝え
ていきます。例えば，

　「今日の算数の授業，みんなが楽しく授業に参加してくれました。実は，
この授業は昨日一生懸命に考えた授業だったんだよね。みんなが楽しそうに
参加してくれて本当に嬉しかったです。ありがとう。」

　帰りの会の先生の話の時間を利用して，何気ないときから感謝の言葉を子
どもに伝えるように心がけています。

（3）「帰りの会」×「つながる力」

　サンキュータイムや先生の話で，子どもの名前を出して伝えるようにして
います。（もちろん，名前を出されたくない子には配慮して）そうすること
で，子ども達は「あの子にはあんないいところがあるんだ！」といいところ
に着目してつながれるようになります。

まとめ

①帰りの会の目的を把握して取り組む
②子どものよいところや担任の嬉しかったことを伝える

【参考資料】「おにぎりママのお店」（https://onigirimama.thebase.in）

12 給食指導

（1） 給食の準備は大変！

　4時間目が終わり，給食の時間です。しかし，みんな休み時間気分。教師が給食当番に呼びかけてもなかなか準備を始めません。焦っているのは担任ばかり。この時間は本当に大変です。

（2） 給食の準備

　そこで，給食の準備を自治的集団づくりをする機会として捉え直します。自治的集団とは，自らの手による問題解決のできる集団です。

　次のような手順で，給食の配膳に時間がかかるという課題を，教師の力ではなく子ども達の力で解決していきます。

①課題の共有
　「給食の準備に時間がかかっているけれど，早くつくるためにはどうしたらいいかな？」
②基準の設定
　「一流の学級は遅くとも10分以内に作れるらしいよ。」
③作戦会議
④決まったことの実施
⑤成功すれば喜ぶ，失敗したら③④の繰り返し

　教師は子どもから意見を集めて板書します。板書したことを意識して行動が変わった子に「ありがとう！」「すごい！」「いいね！」と，ポジティブな声をかけて応援します。

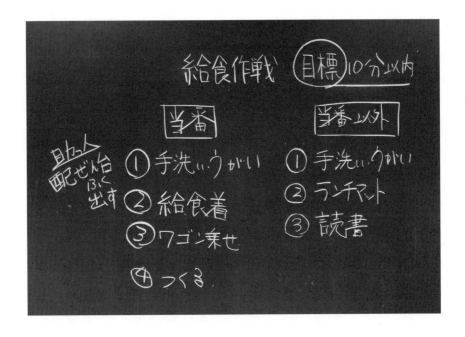

（３）「給食の準備」×「つながる力」

　給食の準備も，ただ準備させているのであれば，それは「作業」です。作業では子どものつながる力は高まりません。しかし，同じ給食の準備でも，自治的集団づくりの場として捉え直せば，人間関係づくりの場へと変えることができます。

　学校生活でやらなければならないことの一つ一つをつながる力を高める場と捉えることで，学級の成長の仕方が変わってきます。

> **まとめ**
>
> ①給食準備の作戦会議を立てる
> ②給食の準備もつながる力を高める場とする

13 清掃指導

（1） 曖昧な分担はトラブルが生まれる

　私は以前，生活班で清掃分担をしていました。しかし，掃除が始まる前に，いつも誰がどの掃除をするか話し合いが行われ，ひどい時はケンカになってしまいました。曖昧な分担は余計な時間がかかるので，清掃の時間を確保することができません。

（2） 一人一役で分担

　私は，男女別に画像のように分担をしています。本当ならグループで活動してグループの中で一人一役を与えたいところなのですが，６年性はトイレ掃除があったり，１年生への手伝いがあったりするため，グループごとの分担だと調整しづらいのでこの形式にしました。この形式にしてから明確に分担できているので，スムーズに掃除に取り掛かれるようになりました。

　マグネットのネームには番号が振ってあります。番号を振ることで，「この場所は嫌だから勝手に順番を変える」というズルをできなくするためです。このマグネットを使って，次のように清掃分担をしています。

①マグネットが貼ってあるところの掃除をする
②１週間経ったらマグネットを下にずらす

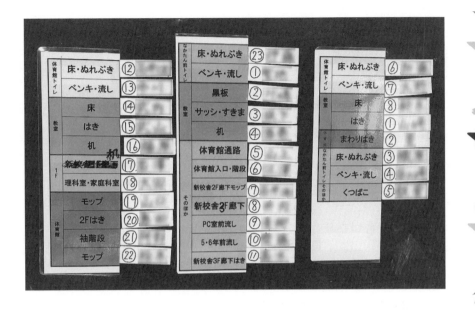

（3）「清掃分担」×「つながる力」

　この分担の仕方だと，「教室（ふき→机→はき）」というように，同じ清掃分担場所が続きます。ですので，慣れてきたら清掃の仕方を新しく入ってきた人に教えることができます。

　また，清掃をする際，どうすれば時間内に終わらせることができ，清掃場所をキレイにすることができるか，教師が清掃場所の見回りをした時に話し合うようにしています。ちょっとした話し合いですが，子どものつながりを生かすことで，成果の上がる清掃につなげることができます。

> **まとめ**
>
> ①一人一役で取り組む
> ②清掃の仕方を教え合えるように仕組む

14 学習規律

（1） 授業づくりは教材研究だけではない

　友達とつながりながら楽しく学ぶことは，学習効果を上げるためにもとても効果的です。しかし，教材研究だけしてもそのような授業はなかなか実現が難しいものです。教材研究だけでなく，

> 授業の土台づくり

をすることもとても大切です。

（2） 学習規律はなんのため？

　授業の土台づくりをするために大切にしていることが

> 学習規律

です。ここでは，学習規律の**失敗例**をお話しします。私は若手の頃は「授業態度をよくさせるため」に学習規律を定着させていました。
　「静かに話を聞きなさい。」
　「手をピンとあげなさい。」
　「ノートをしっかり書きなさい。」
　このように声かけをすると，授業中は学習規律が整っているように見えました。しかしそれは見た目だけでした。子どもにとってはとても窮屈だったようで，学習規律が原因で，授業が嫌になってしまったり，教師と子どもで溝ができてしまったりしました。
　では，学習規律はいったい，なんのためにあるのでしょうか？私は，

> 学級集団での学びを充実させるため

だと考えています。

　友達や先生の話を理解するための話の聞き方があります。友達にわかりやすく自分の考えを伝える方法があります。学習に前向きになる手の挙げ方があります。学習規律を整え，そのよさを味わわせることで，学級集団で学びを充実させることができ，成果の上がる授業につながります。

（3）　具体的な学習規律

○話の聞き方

　４月の段階で特に大切にしている学習規律が

> 話の聞き方

です。話を聞けるようになると，次のようなよいことがあります。

①学習の理解が深まる
　学習内容を正確に聞き取れるようになり，学習の理解が深まります。
②見通しを持った行動ができるようになる
　次に取る行動を理解でき，見通しを持った行動ができるようになります。
③自己成長につながる
　自分の考え方に新しい視点が加わり，自己成長につながります。
④相手の考えていることを理解できるようになる
　他人の意見や感情など，目に見えないことを理解できるようになります。
⑤信頼してもらえるようになる
　聞いてもらっているという態度が，人からの信頼につながります。

○具体的な話の聞き方

①正対：体を向ける
②視線：目を合わせる
　　　　目で聴く
③姿勢：手はひざ
　　　　背すじ
④反応：あいづち，マジックワード
⑤尊重：相手の意見も自分の意見も
　　　　大切にする

　最初は教師が話すときに聞き方の練習をします。教師が話すときに掲示物を使いながら，

　　「体をこちらに向けて『正対』しましょう。」
　　「『視線』を集めて目を合わせましょう。」
　　「マジックワードを使って『反応』しましょう。」

と，声をかけながら練習します。声かけに応えてくれた子に対して，

　　「嬉しい。」「ありがとう。」

と，ポジティブな声をかけをしながら，

　　「話をしっかり聴くと，どんないいことがあった？」

と，よさを共有します。

　掲示物を使い，具体的な話の聴き方を教え，そのよさを味わわせながら「話の聞き方」の学習規律を定着させていきます。

○そのほかの学習規律

　そのほかにも「発表の仕方」「グループ学習の仕方」などの学習規律がありますが，そちらは5〜7月でご紹介いたします。

（4）「学習規律」×「つながる力」

　学習規律が整い，学級の学びが充実してくると子ども同士のつながりも変わってきます。例えば，

①友達の意見を大切にできるようになる

　子どもが発言したときに，ただ否定的な意見を言うのではなく，いいところに着目できるようになります。改善案を出す時にも相手の意見を尊重しながら伝えることができるようになります。

②挑戦できるようになる

　「間違っても大丈夫」「応援してもらえる」と感じられる，安心できる環境になります。すると，何かに挑戦する場面になったときに，自信を持って挑戦したり，挑戦した人を応援できるようになったりできます。

③助け合えるようになる

　学習中に，できないことを馬鹿にしたり，恥ずかしいと思ったりするのではなく，できるようになるために一緒に学んだり，助け合ったりすることができるようになります。自分の力を人を助けるために使ったり，助けてもらった時にお礼を言ったりする関係になっていきます。

　1日のうちで一番長い授業です。だからこそ，授業を通してつながりが生まれるように学習規律を整え，そのよさを味わわせていきます。授業で身につけたつながる力は，自然と日常生活にも生きていきます。

まとめ

①学級集団で学びを充実させるための学習規律を整える
②学習規律のよさを味わわせる

15 学びの5ステップ

(1) 自分自身で学ぶ力

　子どもの学力を高めるために，授業改善はもちろん大切です。しかし，授業改善だけでは子どもの学力を高めることができません。そこで子ども達に身につけさせたい力が，

自己学習力

です。私は，自分で自分の力を高める自己学習力を高めるために，学びの5ステップを子ども達に教えています。

(2) 学びの5ステップ

　ドリルや教科書の練習問題に取り組む際，子どもに答えを渡し，次のような5ステップで取り組ませます。

①問題を解く
　答えだけでなく，途中式や筆算など，解決するための過程もノートに残して問題を解きます。
②丸つけ（間違い探し）をする
　正解したことに価値を置くのではなく，間違いを見つけられたことに価値を置きます。そのために，丸つけではなく間違い探しをします。
③間違い直し（分析）をする

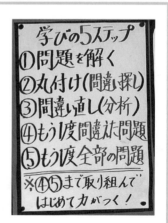

間違いを直して正しく解決する方法を理解します。そのために，機械的に間違いを直すのではなく，間違えた理由を分析します。

④もう一度間違えた問題に取り組む

間違えた問題にもう一度取り組みます。自分の力だけで解けるようになって，はじめて力がつきます。

⑤もう一度全部の問題に取り組む

（時間があれば）しばらくしてから，もう一度全部の問題に取り組みます。ここで全部の問題ができれば，確実に習得できたことになります。できなければ，もう一度学びの5ステップで学び直します。

（3）「学びの5ステップ」×「つながる力」

学びの5ステップで学習することで，正解することではなく，「できないことができるようになること」の大切さに気づくことができます。

すると，

「わからないことは友達に教えてもらおう。」

「できるようになるために，友達に教えてあげよう。」

と，お互いを尊重する文化ができあがってきます。また，自分自身で学習する場面だけでなく，体育や学校行事や日常生活など，さまざまな場面で生かそうとする子どもが出てきます。

学びの5ステップの学びを集団で学習する場面で生かすことで，お互いを尊重し合いながら活動に取り組めるようになり，つながる力を高めてくれます。

> **まとめ**
> ①学びの5ステップで間違いを見つけるよさを味わわせる
> ②学級集団で学習するときにも活用することを推奨する

16　ミニレク

（1）　ミニレクの効果

　6年生は，新しいつながりをつくることができない場合があります。そこで，ミニレクの力を使います。ミニレクは，ただ楽しむだけでなく，

> **つながりをつくる**

ためにとても効果的です。

（2）　ミニレクのルールづくり

　ミニレクをする際，つながりを大切にするための「ルール」を決めます。例えば，

> ①ネガティブな言葉は絶対に使わない
> ②ポジティブな言葉をたくさん使う
> ③男女問わず関わり合う
> ④いつもと違う人と関わる
> ⑤友達のいいところを見つける

　このようなルールを共有してミニレクをすることで，ただのミニレクが，友達とのつながりを作るミニレクに変わります。

　また，このようなルールは，教師や子どもの「願い」や，今まで教えてきたポジティブな言葉など，学級経営と関連づけることで，より効果的なミニレクにすることができます。

（3） オススメ！ミニレク

シンクロ・ジャンケン

①２人１組をつくる

②ジャンケンをする（グー・チョキ・パー）

③そろうまで，「あいこでしょっ」と言って続ける

④そろったら喜ぶ

そろった！
やったー！

テ・テ・テ・テ・テレパシー

①２人１組をつくる

②「テ・テ・テ・テ・テレパシー」のかけ声で１〜３を出す

③そろうまで，「テ・テ・テ・テ・テレパシー」と言って続ける

④そろったら喜ぶ

（山口県の中村健一先生のご実践です）

テ・テ・テ・テ・テレパシー

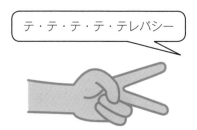

好きな○○はなんですか？

①お題を決める（例：好きな色，食べ物，テレビ　など）

②2人1組をつくる

③ジャンケンをする

④勝った人が負けた人に，「好きな○○はなんですか？」と聞く

⑤負けた人が答える

⑥勝った人は「いいね！」「私も好き！」「なんで好きなの？」
　　など，ポジティブなリアクションをする

⑦勝った人と負けた人を入れ替えて，もう一度①〜⑥をする

好きな食べ物はなんですか？

いちごです！

僕も好きです

仲間さがし

①お題を決める（例：好きな食べ物，やっている習い事　など）

②グループをつくる制限時間を決める（1分程度）

③答えが同じ人を探して制限時間内にグループをつくる

④グループができたらその後に雑談をさせる

ケーキが好きなグループです！

（4）「ミニレク」×「つながる力」

　ミニレクをする際，「何をするか？」と悩んでしまいますが，何をするか
はそれほど重要ではありません。**どのように取り組むか**がとても大切です。

　私は，ミニレクをしている最中は
「ポジティブな言葉を使おう。」
「笑顔で取り組もう。」
「拍手をしよう。」
「一人をつくらないようにしよう。」
と，声をかけています。

　また，ミニレクが終わった後，必ず
「新しく見つけた友達のいいところは何？」
「してもらって嬉しかったことは何？」
「どうして楽しむことができたの？」
と，友達のよいところやいい雰囲気のつくり方を共有するようにしています。

　ミニレクは子供たちにとって「つながる力」を高めるための貴重な経験の
場とすることができます。単に楽しむだけでなく，新しい友達ができたり，
友達との友情をさらに深めたりする機会にしていきます。

> **まとめ**
>
> ① ミニレクのルールを決める
> ② ミニレクの学びを共有する

3 学級の土台を固める

 1 二度目の学級びらきで学級の土台を固める

（1） 学級の土台を固める

　6年生になってから，怒涛の1ヶ月間を過ごし，子どもたちは大きく成長しました。大型連休あけの「再スタート」を大切にすることで，この成長したことをもとに，

> 学級の土台を固める

ことができます。

（2） 成長したことを振り返る

　大型連休明け，子ども達は久しぶりに友達に会ったことで落ち着かない雰囲気があります。逆に，疲れていたり，どんよりしていたりすることもあるでしょう。そんなとき，（ふりだしに戻ってしまった）と，嘆くのではなく，

> 成長したことを思い出す

ことが大切です。大型連休前に成長したことを話し合い，成長したことを思い出します。

話し合いは次のように行ないます。

①**成長したことを一人一発言であげる**

②**成長したことのベスト3を決める**

③**今後の活動でどのようなことに生かせそうか共有する**

　話し合った後，成長したことのベスト3を掲示しておくといつでも振り返ることができて効果的です。

（3）　意識できる子を増やしていく

　話し合い後，話し合いの内容をすぐに意識して行動できる子と，そうでない子ができます。すると教師は，意識できない子に（さっき話し合ったじゃん！）と，着目してしまいがちです。そうではなく，**意識できている子に着目**してポジティブなフィードバックをします。すると，真似する子も増えてくるので，真似したことを喜びます。

　意識できない子に着目するのではなく，意識できる子に着目し，成長したことを思い出す子を増やしていきます。

（4）　「二度目の学級びらき」×「つながる力」

　大型連休が明けると，連休前の成長を忘れてしまいます。友達同士でどのようにつながっていたかも頭から抜けてしまっていることが多いです。そんな時に，思い出す機会を取ることで，以前の成長をより自分のものにすることができます。友達との関わり方も思い出すことで，以前よりもよりよい関わり方ができるようになります。

> **まとめ**
>
> ①**成長したことを思い出す**
>
> ②**成長したことを意識できる子にポジティブなフィードバックをする**

2　目標申告

（1）　目標申告を活用する

　みなさんの学校では，目標申告をいつ頃提出されているでしょうか。私の経験上，５月の連休明けに提出する学校が多いと思います。４月から１ヶ月程経つと，子ども達の課題も見え，どのような力を身につけさせたいか，ぼんやりと見えてくると思います。

　そのぼんやりと見えてきたものを明確にすることができるものが，

> 目標申告

だと考えています。目標申告は，制度的にはとても重要な位置づけとなっていて，どの先生も書かなければならないものです。

　私が若手の頃は，
　（大変だな）（なんで書かなければいけないんだろう？）
と，ネガティブな感情を持っていたものです。しかし，どうせ書かなければならない目標申告です。どんな感情を持っていたとしてもやらなければなりません。ですので，目標申告を**自分の考えを明確にするために**活用します。

　私は把握した子どもの実態をもとにして「願い」を具体化するために，年度はじめの早いうちから目標申告に書くことを考えています。書くことを考えながら４月から学校生活を送ることで，自分の考えがより明確になるからです。

　目標申告のスペースはとても狭いです。ですので，大切にしたい具体的な実践を厳選して書くことができます。

（2）　私の目標申告

　みなさんは，どのような目標申告を書いているでしょうか？とても恥ずかしいことですが，ある年の目標申告をご紹介いたします。

生徒指導等	【重点目標】 豊かな人間関係づくり（助け合う子の育成） ○言葉を大切にして生活し，認め合える人間関係を構築する。	○言葉の指導 ・ふわふわ言葉・ちくちく言葉を話し合い，前期までに全ての児童がちくちく言葉を使わないようにする。後期は，学級全体でふわふわ言葉をあふれさせ，人間関係を構築させたり，前向きな気持ちで活動のできる集団に育てる。 ○認め合える人間関係づくり ・帰りの会で担任が日直のよい所を伝えたり，友達同士で認め合える機会を作ったりして100%の児童に友達同士で互いを尊重し合える人間関係を構築する。

　１年間で実践をたくさんします。その中でも特に核となる考え方や実践を目標申告に書きます。学級経営における私の大切にしたいことは，

・言葉の環境を整えること
・認め合える人間関係づくり

です。この２つを軸に学級経営を行っています。

　よい言葉の環境も人間関係づくりも教師が意図的につくらなければできないものだと感じています。ですので，整った言語環境で教師と子ども，子ども同士でよい人間関係のつくり方やよさを味わわせ，１年かけてつながる力を育てていきます。

　子どもの実態を把握し，自分の考えや実践を明確にするために，目標申告は活用できます。

まとめ

①学級の課題や実践することと向き合う
②目標申告をもとに，自分の考えを明確にする

3 学校のきまりの確認

（1） 守れなくなるきまり

みなさんの学校にはどのようなきまりがあるでしょうか？持ち物，遊び方，学習の仕方など，**ものすごい量**のきまりがありませんか？

最高学年の６年生は，きまりを守れていないことで他の学年に大きな影響を与えてしまう場合があります。経験上，緊張感がなくなる５月の大型連休明け頃から守れなくなってしまうように感じます。

多すぎて覚えきれないこともあるでしょう。知っているけれど意識が低くなっていることもあるでしょう。６年生にきまりを守らせることはなかなか難しいものです。そんなとき，ICT を使ってきまりの確認をしてみてはいかがでしょうか？

（2） ICT を使ったきまりの確認

私は自分の学校が使っているグループウェアが Microsoft ということもあり，Microsoft Forms を使って学校のきまりをアンケートで確認しています。学校によって使っているグループウェアは違うので，ご自分の学校が使っているものを使うことがオススメです。

不思議なもので，ICT アンケートを使うと，
「このきまり，忘れてた！」
「このきまり，知らなかったぞ…」
と，教師がきまりについて話すよりも和やかな雰囲気できまりの確認をすることができます。

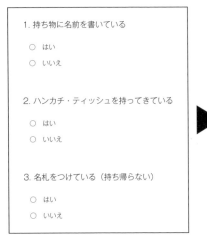 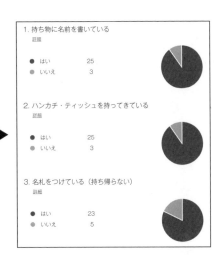

（3）「学校のきまり」×「つながる力」

アンケート結果は円グラフで表示されるので，自分達の学級の課題が一目でわかります。そのアンケート結果をもとにして話し合いをします。

結果の良くないもの全てについて改善することは無理です。3つくらいにしぼって子どもたちに改善するものを決めてもらいます。改善するものが決まると，

「授業の開始時間が守れてないから時間を守ろう。」

「必要のないものは持ち帰ろう。」

「挨拶をしっかりしよう。」

と，自分たちの学級としての課題と捉え，その課題を達成するためにつながる力を高めながら改善につなげることができます。

まとめ

①ICT でアンケートをつくる

②明確になった課題について話し合う

4 トラブル対応

（1） 6年生のトラブル対応は難しい

大型連休明け頃からトラブルが増え始め，6月頃になるとトラブルが多発します。男子同士のケンカ，女子同士のいざこざ，SNSの使い方など，6年生には様々なトラブルがあります。男子も女子も6年間で培ってきたよくない関係性で起きるトラブルは解決が難しいものです。また，SNSでのトラブルは，教師の見えないところで起きているので，解決することは本当に難しいものです。

何時間も話し合い，お互いが謝って解決したと思ったものの，保護者からクレームの電話が入ることもしばしば。どのように解決していったらよいのでしょうか？

（2） トラブル解決の仕方

私は，トラブルを解決するときに心がけていることが次の3つです。

①事実確認
②報連相
③保護者との連携

この3つを心がけることで，トラブルを解決することができたことが多くあります。

①事実確認

紙にナンバリングしながら，事実確認をします。

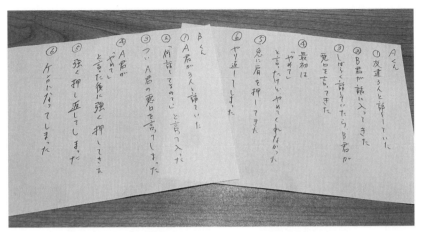

　トラブルを起こした子を別室に呼び出して，事実確認をします。指導はいれず，子どもの話しやすい雰囲気をつくり，事実確認だけをします。

　トラブルを起こしたのが複数人ならば，それぞれを呼び出して1人ずつ事実確認をします。それぞれの話を聞いているときに事実が合わなくても，そのときには追求しません。その後，トラブルを起こした子全員を呼び出し，事実を合わせます。事実が合わない部分を丁寧に思い出してもらいながら，事実の整合性を確認します。

　事実確認が終わったら，2つの質問をします。

「どうすればトラブルは起きなかった？」

　この質問をすると，紙に書かれた事実をもとに，

　「④のやめてと言われたときに，すぐにやめればよかった。」

　「⑥でやり返さなければよかった。」

と，自分の非を認めることができます。お互いで非が認められたら，

「このトラブルはどうやって終わらせる？」

　この質問をすると，

　「謝ります。」「もうやめてくれればそれでいいです。」

など，自分たちの解決方法を考えます。自分たちで決めた解決法なので，納

得して行動できます。

　トラブルが解決したと思っても，子どもは納得していないこともあります。ですので，最後にトラブルを起こした子に

　「納得できた？」

と，表情を見ながら，本当に納得できたか確認します。こうすることで，家で別のことを言うことはほとんどなくなります。

②報連相

　トラブルが起きたら，必ず報連相をします。

　報連相をする際は，

　「○○というトラブルが起きているので，～～というように指導をしようと考えています。」

と，事実と手立てを伝えます。もし，手立てが不適切なら管理職からアドバイスが入るので，そのアドバイスに従って行動します。

　トラブルが起きると，自分１人では適切な判断をすることができません。報連相をして，複数人で関わりながら向き合うことでトラブルの解決につながります。

③保護者との連携

　保護者対応ではなく，「保護者との連携」とあえて書かせていただきました。

　私は，保護者対応という考え方だと，保護者のお怒りを買わないように行動することだと感じてしまいます。トラブルは，保護者のお怒りを買わないようにするのではなく，解決することが大切です。ですので，保護者と連携をとって，トラブル解決をするために力を借ります。

　保護者との連携に電話は欠かせません。私は，保護者との電話の仕方として，次の５つを心がけています。

① 「お時間はありますか?」と,都合の確認をする。
② 「～のことでお電話しました。」と,見通しを持ってもらう。
③ 「～です。～しました。」と,一文を短くして事実を伝える。
④ 「○さんには,～という話をしました。」と,指導内容の報告をする。
⑤ 「家での様子を見ていただけると嬉しいです。」のように,ご家庭に力を借りたいことを具体的に伝える。

　特に大切なことは⑤です。保護者と連携するために,家庭に協力して欲しいことを具体的に伝えます。

(3) 「トラブル解決」×「つながる力」

　トラブルは「悪いことをしたから叱る」「お互いを謝らせる」というマインドで取り組むと解決につながりません。「子どもの困り感に寄り添う」というマインドで取り組みます。

　そして,トラブルがあったときに,子ども同士が納得して解決できるように教師がサポートします。トラブルを乗り越えることで,子ども同士のつながる力は高まり,以前よりももっとよい人間関係になることができます。

まとめ

①事実確認をする
②報連相をする
③保護者との連携をする

5　対話的な学びを充実させる

（1）　対話的な学びができない

　話し合い活動は，授業をするうえでとても大切です。しかし，

- ・なかなかうまく発表できない
- ・発表できてもシーンとしてしまう
- ・「いいですか」「いいです」というやりとりだけで終わってしまう

というようなことはないでしょうか。それは，話し合い方を知らないからかもしれません。そんな時，ある程度

> 話し合いの型

を与えるようにしています。

（2）　話し合いの型

○全体発表

　私は，掲示物を使って次の５つのポイントを子ども達に教えています。

①上向きの声で話す

　…声の方向を上向きにすることで，聞き取りやすい声になる。

②「棒」と「こそあど言葉」を使う

　…子どもに前に来てもらい，黒板やモニターなどを使い，視覚的にわかりやすく発表する。

③「句点（。）」を多用する

　…文章を短くして，端的に伝えられるようにする。

④「〜ですよね？」と確認する

　…聞き手に反応を促す。

⑤「〜はなんですか」と質問する

　…聞き手とやりとりをしながら発表をする。

　この５つを意識させることで，子どもの発表がわかりやすくなります。

　最初は，教師が見本を見せ，いつもこの型を意識しながら授業をすることで，子ども達も使えるようになってきます。

○ペア対話

　「隣同士で話し合ってみましょう。」

と，声をかけてもどのように話したらいいかわからず，止まってしまうことや，話し合いの本質とずれてしまうことがあります。ですので私は，話し合いの枕詞を使うようにしています。

　例えば，三角形の公式の「底辺×高さ÷２」の「÷２」について話し合わせる場合です。

　「隣同士で「÷２ってなんだっけ？」と言い合いながら話しましょう。」

　このように，話し合いで着目させたいポイントを枕詞にして話し合わせることで，話し合いの呼び水となったり，話し合いの焦点化をさせたりすることができます。

○ミニ先生

　ミニ先生は，早く終わった子が丸つけをしたり，わからない子に教えたりする活動です。とてもいい活動なのですが，ミニ先生側だけが話してしまう活動になってしまいます。そこで，ミニ先生が丸をつけたり教えたりする際，次のような言葉を使わせるようにしています。

・丸をつける場合
「どのように考えましたか？」
・わからない問題を教える場合
「どこにつまずいていますか？」

　このような声かけをすることで，教えてもらう側も発言する機会をつくることができ，ミニ先生による対話的な活動が充実します。

○グループの話し合い
　グループの話し合いで小黒板などの話し合いのツールを使うことがあります。何も指導しなければ，特定の子がツールを独占してしまいます。そこで次の2つの声かけをしています。

「道具を真ん中に置こう。」
「みんなが1回は書こう。」

　ツールを真ん中に置くことで，全員が平等にツールを使ったり，見やすくなったりします。チョークやホワイトボードのペンは，全員が1回は書けるよう，グループで回して使います。考えを表現できない子も，アドバイスをもらいながら書くことができます。
　活動が終わったときは，「道具を真ん中に置けたグループ？」「みんなが1回書けたグループ？」と確認します。

（3）「対話の型」×「つながる力」

　対話の型を与えると，

「ロボットみたい。」

「子どもの自由な発言がなくなる。」

というような声を聞くことがあります。確かに自然な対話に感じないかもしれません。しかし，子どもは対話の仕方を知りません。最初は対話の型を与え，対話の仕方を教えることで，少しずつ対話ができるようになります。

　慣れてくると，型を使わなくとも自然な流れで対話ができるようになります。そうしたら，いつまでも型にこだわる必要はないと思います。

　面白いことに，授業中に教えた対話の型は，普段の会話でも使われるようになります。例えば，

・具体物を見せて，「これ見て！」

・「〜だよね？」「うんうん」と，会話の中に確認を入れる

・「〜ってなんだと思う？」「それはね〜」と，質問を入れながら会話する

　授業で対話の型を教えることで，普段の会話でもお互いが考えをうまく伝え合えるようになり，つながる力が高まります。授業中に与える対話の型は，授業中のものだけでなく，子どもの日常のつながりにもよい影響を与えることができます。

> **まとめ**
>
> ①対話の型を与える
> ②対話の型を使った活動を取り入れる

6 **対話的な学びを充実させるミニゲーム**

（1） 対話的な学びを楽しく練習する

前項でご紹介した「対話的活動の型」これをただ教えただけでは，子ども
はうまく使うことができません。そこで，ミニゲームを通して

> 楽しく練習する

ことをしていきます。

（2） 対話的な学びを充実させるミニゲーム

○反応ゲーム

発表の5ポイントの掲示物を使いながら子どもとのやりとりを楽しむゲー
ムです。

①掲示物を黒板に貼る
②掲示物を指しながら話す
T 「先生は昨日カレーを食べました。」
T 「カレーって美味しいですよね。」
　（④を指す）→C 「ハイ。」
T 「カレーの具といえば何ですか？」
　（⑤を指す）→C 「豚肉です。」

> 発表の5ポイント
> 目的：学びの共有
> ①「上向きの声」で話す
> ②「棒」と「こそあど言葉」を
> 　　　　　使う
> ③「句点(。)」を多用する
> ④「～ですよね？」と確認する
> ⑤「～はなんですか？」と質問する

掲示物を指しながら話をすると少し違和感があります。その違和感が，楽
しい雰囲気をつくってくれ，楽しみながら型の練習をすることができます。

実態に応じてになりますが，教師と子どもで何回かやりとりをしたら，子どもにもやってもらうのも効果的です。グループで練習をしてから全体で練習することで，不安な気持ちを和らげることもできます。

○それはなぜですか？ゲーム
・ペア対話を充実させるゲームです。

①お題を与える
　「好きな食べ物」
②ミッションを与える
　「３分間で５人以上とゲームしましょう。」
③２人１組をつくる
④ジャンケンで勝った方が負けた方に「好きな食べ物は何ですか」と聞く
⑤負けた方が答える
⑥勝った方が負けた方に「それはなぜですか」と聞く
⑦負けた方が答える
⑧勝ちと負けを入れ替えて④〜⑦をする
⑨ペアを変える
⑩何人と質問し合えたか全体で確認する

　このゲームをすると，質問して内容を深めることを経験させることができます。

○枕詞 de 質問やりとりゲーム
・会話のラリーが続くようになるためのゲームです。

①隣同士でペアをつくる
②お題を発表する

春休み

4
月

5〜7月

9〜12月

1〜3月

例）好きな給食
③「○○ですよね」と言ってから質問させる
　　例）「給食って美味しいですよね。」→「ハイ。」
　　　　「好きな給食は何ですか？」→「カレーです。」
④「それはなぜですか？」と聞く
⑤ラリーが何回続いたか全体で確認する

　前項では，
　「隣同士で「÷2ってなんだっけ？」と言い合いながら話しましょう。」
と，枕詞を使ってからペア対話する方法をご紹介しました。

　普段の会話にも枕詞を入れて会話を経験することで，楽しみながら会話することができるようになります。また，「それはなぜですか？」を経験させておくことで，その後の会話で
　「なんでカレーが好きなの？」
のように，相手に質問して，会話を発展させられるようになります。

○小黒板 de クイズ番組の使い方
・小黒板やホワイトボードなどの使い方を身につけさせるゲームです。

①グループをつくる
②教師が問題を出す
③答えをツールに書く
④一斉，またはグループごとにツールをあげて答えてもらう

　前項でお話ししたように，小黒板などのツールは，何も指導しなければ特定の子がツールを独占してしまいます。また，文字が小さかったり雑に書いてしまったりして，読みにくいです。

（3）「対話的な学びを充実させるミニゲーム」×「つながる力」

　ゲームやレクは子供達にとって，楽しいものです。この，「楽しい」という感情を利用して，コミュニケーションの取り方を身につけさせたり，子どもとの交流を生んだりするように仕組んでいきます。

　ミニレクができない雰囲気の学級もあるでしょう。その時はできそうなミニレクを選び，徐々にできるようにしていきます。徐々にできるようになることが子ども達の成長につながります。

　このようなゲームをしておくと，雰囲気がよくなり子ども達は自然と友達同士でつながれるようになってきます。

　雰囲気がよくなるだけではありません。
　「あの時ゲームでやったじゃん。」
と言いながら，コミュニケーションの取り方や友達とつながるよさを日常生活や授業と関連づけながら，意図的に指導することもできます。
　「ゲーム」や「レク」と聞くと，どうしても「子どもを楽しませる」ということが目的になってしまいます。もちろん，楽しませることが目的になるゲームやレクがあってもいいと思いますが，このような**つながる力を高める**目的意識を持ったゲームやレクをすることで，子どもの成長につながります。

まとめ

①「つながり」を意識したゲームをする
②楽しみながらつながる力を高める
③日常とゲームでの学びを関連づける

---

7 振り返り

（1） 対話的な学びが充実すると子どもが見えなくなる

　対話的な学びが充実してくると，子ども達があちらこちらで活動をします。活動が充実することはとてもいいことなのですが，同時多発的に活動が行われるので，教師は活動を把握することができなくなり，子どもの姿が見えなくなってしまいます。

　そこで，「振り返り」を通して子どもがどのような学びをしたか把握します。
　振り返りが大切なのはわかりました。では一体何をどのように振り返ればよいのでしょう？それは，

　学習の過程と成果

です。今回は，私がしている振り返りの仕方をご紹介いたします。

（2） 振り返りの３つの型

　私は，振り返りの型を３パターン用意し，状況に応じて子どもに振り返りの型を指定したり，子どもに選ばせたりして振り返りを書いてもらっています。
　次のページに示すような掲示物にしておくことで，いつでも書き方を確認しながら振り返りを書くことができます。
　私は，八つ切りの画用紙に書いています。

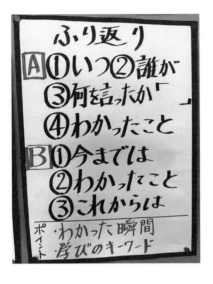

○振り返りA「友達との学びの過程と成果の振り返り」

---

①いつ
②誰が
③何を言ったか「○○○○」
④わかったこと

　学校教育では，友達同士で学び合えるというよさがあります。この振り返りは，友達との学び合った学習の過程と成果を振り返る型です。
① 「いつ」は，学習を理解したときのことを振り返ります。
　例）「問題①の時」「○○について話し合った時」など
② 「誰が」は，友達の名前を書きます。
③ 「何を言ったか」は，学習を理解したときの友達の言葉を書きます。
④ 「わかったこと」は，授業の個人的な学びの成果を書きます。

○振り返りB「友達との学びの過程と成果の振り返り」

---

①今までは
②わかったこと
③これからは

　この振り返りは，学んだことで変容することを振り返る型です。

①「今までは」は，変容する前のことを思い出して書きます
②「わかったこと」は，学習してわかったことを書きます
③「これからは」は，学習したことをどのように活用したか書きます

いままでは周りの人のことを考えずに行動してしまうことがありました
だけど今日で心の矢印を周りの人に向ければ助け合いがクラスに
増えることがわかりました。なのでこれからは周りの人のことを考えてい
きたいです。例えば号令のときに日直のことを考えて静かにしたり
よびかけをしていきたいです。

○振り返りC 「わかったことは __ つあります」

①わかったことは __ つあります
②1つ目は〜，2つ目は〜3つ目は〜
③これからは，まとめ

　この振り返りは，行事や日常生活で自分の成長を振り返るときに効果的です。

（3）「振り返り」×「つながる力」

　振り返りは，「自分」と「関わってくれた友達」について振り返るように声かけをしています。そうすることで，友達とのつながりを感じ，つながりを通して成長したことに気づくことができます。この振り返りは学習だけでなく，日常の振り返りでも使うことができます。

まとめ

①振り返りの型を与える
②「自分」と「友達との関わり」を意識して成長を振り返る

春休み

4月

5〜7月

9〜12月

1〜3月

8 **学級目標づくり**

（1） 学級目標に対する考え方

　72ページでもご紹介しましたが，私は
　　・ポジティブな言葉が定着し始めている
　　・前向きに成長しようという文化ができ始めている
　　・学校にいい意味でも悪い意味でも慣れ，ダレ始めている
という理由で学級目標を６月頃につくるようにしています。

　私は，学級目標を

> 　子どもと教師でつくるもの

として考えています。学級目標に関しては，いろいろな考え方がありますが，教師だけがつくってしまうと，ひとりよがりなものになってしまうし，子どもだけでつくってしまうと，子どもの枠を飛び出た成長をすることができないからです。

　子どもだけでつくる学級目標，教師だけでつくる学級目標。いろいろな方法がありますが，なぜその方法で学級目標をつくるか，教師が考え方を明確にしておくことが大切です。

（2） 学級目標で失敗した経験

　今でも忘れません。私は３年目で初めて６年生を担任したときに学級目標づくりで失敗した経験があります。
　その年の学級目標は４月につくりました。

「学級目標を決めます。学級委員さん，お願いします。」
と，ほぼ子どもに丸投げをしました。

子ども達は真剣に話し合います。そして，

「雑草魂」

という学級目標に決まりました。決まった後は早速掲示物にします。模造紙の真ん中に習字が得意な子にお願いして，「雑草魂」と書いてもらいました。その周りに，子どもの手形を押してもらいました。できあがった時は，
「かっこいい！」
と，子どもがすごく喜んでくれました。私自身も，かっこいいと思える学級目標になったと思います。

子どもも担任も満足できる学級目標ができあがりました。しかし，「雑草魂」という言葉を日常生活で使える場面はほとんどありませんでした。次第に風景と化していく学級目標。
秋の運動会の時に，少しだけ「雑草魂」という言葉を使う機会はありましたが，後にも先にも意識したのはその時だけだったように感じます。

学級目標が風景と化するだけならまだよいものです。学級目標が風景と化してしまったことで，**みんなが決めたことを意識しなくてもいい**という，潜在的な教育効果（ヒドゥンカリキュラム）ができてしまい，余計に学級経営を難しくしてしまいました。
みんなで決めたのなら，意識できるようにしなければ逆効果になってしまうのです。

（3）　学級目標のつくり方

　みんなで決めた学級目標を効果的にするために，私は次のように話し合って決めています。いろいろな年がありますが，

> 友達面…友達同士でどのように関わるか
> 学習面…どのように学習と向き合うか
> 生活面…学校生活をどのように過ごすか

の３つの視点で話し合ってもらい，決めています。

（4）　学級目標の決め方

　学級目標は次のように話し合います。

> ①一人一発言で学級目標に使いたい言葉を発言する
> ②学級として，どの言葉を使いたいか話し合う
> ③言葉を組み合わせる

　６月になり，子ども達の使う言葉が成長し，前向きに成長することがよしという雰囲気と，ダレ始めたことを改善しようという雰囲気で４月に話し合うよりも充実した話し合いになります。

　右のページの学級目標は，「あぁでもない」「こうでもない」と２時間話し合って決めた学級目標です。上から，「友達面」「学習面」「生活面」の目標になっています。

男女問わず協力したくさん感謝しよう
出席者でなく参加者になり自信を持って発表しよう
あいさついっぱいで明るく楽しい6年生生活にしよう

決まった学級目標は，教師が筆で書くようにしています。子ども達が決めた学級目標を教師が書くことで，教師と子どもで学級をつくっているというメッセージを伝えるためです。

（5）「学級目標」×「つながる力」

決まった学級目標は，誰よりも**担任**が大切にします。

授業や学校行事や日常生活など，学校生活のあらゆる場面で，

「男女問わず協力できているね！」

「その前向きな姿勢，参加者になっているなぁ。」

「気持ちのよい挨拶が増えてきたね。」

と，学級目標の言葉を使ってポジティブな声かけをたくさんします。

すると，学級目標を意識して行動する子が増え，学級目標を意識できる子が増えていきます。そして，学級の一員であるという意識が高まり，学級目標をもとにして学級のつながりが生まれてきます。

まとめ

①4・5月で成長したことをもとに学級目標をつくる

②学級目標を誰よりも担任が大切にし，子ども達に意識づける

9 校外学習

（1） 校外学習の３つの目的

みなさんは，どのような目的を持って校外学習にのぞんでいますか？私は，

> ①体験を通して学びを確かなものにする
> ②協調性とチームワークを育む
> ③集団規律，公共のマナーを身につける

です。学習をする上で，①の目的がとても大切です。「つながる力を高める」学級経営をする上では②と③の目的が重要となります。

（2） 日常の成長の成果を校外学習で発揮する

校外学習では，日常での成長の成果を発揮させます。例えば，

- ・ポジティブな言葉を使えるようになった
- ・男女問わず協力できるようになった
- ・相手の意見を尊重できるようになった
- ・時間を守れるようになった
- ・あいさつをできるようになった

など，今までに色々な成長があったと思います。校外学習を通して，これらの成長の成果を発揮し，さらに成長させることができます。

ここでの学びは，日々の学校生活やこれから先の修学旅行につながっていきます。

（3） 日常の学校生活と非日常の校外学習を結びつける

校外学習前，私は話し合いをします。まず，

> T 「みなさんは4月からこれまで，どんな成長をしてきましたか？」
> C 「ポジティブな言葉！」「時間を守れるようになった！」
> T 「そうだね。たくさん成長しました。今度校外学習があります。校外学習では，これまでの成長の成果を校外学習で発揮していきましょう。どうしたら，校外学習を成功させられるだろうか？」

　このように，これまでの成長の成果を自分達であげさせた上で，校外学習で心がけることを話し合わせます。すると，

> 「男女問わず協力して行動する。」「時間を守って行動する。」
> 「お世話になる人にはあいさつをする。」

など，成長の成果を校外学習につなげて考えます。

（4）「校外学習」×「つながる力」

　私は以前，教師から一方的にめあてを提示していたのですが，うまくいきませんでした。しかし，このような話し合いを通して自分たちでめあてをつくることで，つながる力を発揮しながら校外学習を成功させようと行動できるようになります。さらに，
　「校外学習での成長は修学旅行にもつながるよ。」
と，声かけをして修学旅行ともつながりも意識させます。

まとめ

> ①日常の成長の成果を校外学習で発揮させる
> ②校外学習の成長の成果を修学旅行や日常につなげる

夏休み前の成長の成果を残す

（1） 成長を振り返り，文字化する

　４月からの３ヶ月間で子ども達は大きく成長することができました。成長したことを話し合い，文字化することで成長の実感をすることができます。

　さらに，黒板に残しておくことで，夏休み前の成長を思い出すことができます。

（2） 白い黒板

　私の場合，成長の成果は，菊池省三先生の「白い黒板」というご実践をお借りして残すようにしています。白い黒板とは，「教師や子どもから出た課題に対して，子どもの考えを視覚的に黒板に表し，それを元に新たな目的や目標を構築していくもの」です。次の方法で，取り組んでいます。

　（準備）
○夏休み前までに成長したことを箇条書きする
　（実践）
①列の一番前にチョークを渡す
②黒板に成長したことを１つ書く
③自分の列の後ろの人にチョークを渡す
④黒板に成長したことを１つ書く
⑤さらに列の後ろの人にチョークを渡して③④を繰り返す
⑥一番後ろの人が書いたら一番前の人にチョークを渡して繰り返す
※言葉は被ってもOK

　子どもの実態にもよりますが，６年生であれば，20分ほどで黒板を真っ白

にすることができます。

　この年は，下段に「7月までに成長したこと」上段に「残りの学校生活で成長したいこと」を書きましたが，「7月までに成長したこと」を残しておけば十分だと思いました。

（3）「成長の成果を残す」×「つながる力」

　成長の成果を黒板に書いている時の子どもの表情は，素敵な笑顔でキラキラ輝いています。書き終わった後は，「こんなにいっぱい成長できたんだ！」と，自分たちの成長の成果を嬉しそうに語り合っています。

　自分たちの成長の成果を喜び合うことで，学級を軸にして友達同士のつながりをさらに強めることができます。

　成長の成果を残すことが目的なら，白い黒板でなくてもいいかもしれません。ご自身の学級の実態に合わせて，成長の成果を学級全体で喜び合うことで，友達とつながるよさを味わわせることができます。

> **まとめ**
>
> ①夏休み前の成長の成果を振り返って文字化する
> ②成長の成果をみんなで喜び合う

【参考文献】
菊池省三『写真で見る菊池学級の子どもたち』中村堂，2014年

ついに夏休みだ！

❖ 夏休みにしかできないことをしよう！

（1） みなさんはどんなことをされますか？

ついに夏休みがやってきました！何歳になっても夏休みは嬉しいものです！普段休みの取りづらい私たちの職業です。しっかりと休みをとって，夏休みにしかできないことをしましょう！

私なら，映画や旅行，ラーメンの食べ歩きなどしたいことがたくさんあります。もちろん，家族と過ごす時間も楽しんでいます！

（2） 仕事をするとしたら…

とはいえ，夏休みは仕事をするチャンスでもあります。私は夏休みに次の３つのことだけやろうと決めています。その３つは…

　①通知表
　②指導案
　③新学期の準備

①通知表

　・名前　・係　・委員会　・クラブ　・生活面の評定
　・道徳の所見　・総合学習の所見
など，できることがたくさんあります。

夏休みのうちに書いておくと，成績処理がとても楽です。

②指導案

　もし授業研があるのであれば，指導案を書きます。普段なかなか読む機会のない本を読んだり，学習指導要領を読んだりし，学びの機会にします。

③新学期の準備

　新学期開始が近くなったら，新学期の準備をします。新学期の準備は，リハビリの感覚です。長期休みで乱れた生活のリズムを戻します。

（3）　仕事から離れることも大切

　夏休み，仕事や学級のことが頭から離れずにモヤモヤしてしまうことがあります。そんな時は…

忘れましょう！

　私は悩みを持ったまま夏休みに入ったことがあります。最初は（あぁでもない）（こうでもない）と悩みながら過ごしていました。しかし，何も解決することはできませんでした。夏休みなのだから当然ですよね。

　悩んだところで何も解決できないので，思い切って夏休みを満喫することにしました。最初の１週間は（これでいいのかな？）と思うこともありました。しかし，仕事のことは考えないようにして，目の前のことを思い切り楽しみました。そして，夏休みが終わりに近づくと，

　「学校に行きたいなぁ。」

と，気持ちが前向きになったのです。

　メンタルが辛い時，辛いことと離れることも解決策の１つです。仕事からあえて離れ，メンタルを整えることも目の前の子どもにとっても自分にとってもとても大切です。ですので…

胸を張って夏休みを満喫しましょう（笑）

固まった土台の上で学びを生かす

1 9月〜12月は夏休み前の学びを生かす時期

（1） 9月〜12月はどんな時期？

　夏休み前，子ども達は大きく成長することができました。いろいろな学級があると思いますが，本書に沿ってあげるとするならば，

・最高学年としての責任感が芽生えた
・男女問わず関われるようになった
・自分で考えて行動できるようになった
・ネガティブな言葉をなくし，ポジティブな言葉が使えるようになった
・友達を尊重できるようになった

など，たくさんの成長を上げることができます。

　夏休み以降は，

> 夏休み前の成長を生かす時期

といえます。多くの学校行事や，委員会やクラブなど，全校の先頭に立って活躍する場面がたくさんあります。また，修学旅行もあります。学んだことを生かし，学校教育全体を通して，大きな成長を期待できる時期です。

（2） 6年生の特性を何度も共有する

　2項の①でもご紹介しましたが，6年生がどのような学年かを子ども達と
何度も何度も共有します。6年生は，

---
　①全校のリーダーであること
　②卒業式が6年間の最後の授業であること

でした。この特性は，年度はじめに一度だけではなく，何度も何度も共有す
ることが大切です。

　夏休み明けに確認すると，4月のはじめよりも実感を伴って6年生がどの
ような学年か理解できるようになります。特に11月以降は，卒業が近づいて
くるということで，②の話が入りやすくなります。6年生の特性を何度も確
認して共有することで，9〜12月は，子ども達が主体的に成長しようと意識
を高めてくれます。

（3）「9〜12月」×「つながる力」

　9〜12月は，協力して活動する場面が増えます。まさに，**夏休み前に成長
したつながる力を発揮し，さらなる成長を期待できる時期**と言えるでしょう。
学校行事を通して，子どもをさらに成長させていきます。

　4〜7月までの実践を何度も取り組んだり，振り返ったりしながらつなが
る力を高めながら9〜12月にのぞみます。

まとめ

①夏休み前につくったつながりを生かしてさらなる成長につなげる
②9〜12月も引き続き人間関係づくりを大切にする

2　夏休み前の成長を思い出す

（1）　成長のリバウンド

　7月の終わりから8月の終わりまで，30日近くの長い休みがあります。子どもにとっても教師にとっても，ゆっくりできるいい時間です。しかし，
　「夏休み前の成長はなんだったんだ…」
と思うくらい，子ども達は成長する前に戻っていることがあります。

（2）　成長を思い出す

　そんな時，5月の大型連休と同じように

> 　成長したことを思い出す

ことをしていきます。
　私の場合，夏休み明けは前項でご紹介した「白い黒板」を使い，次のようなやりとりをして成長したことを思い出すようにしています。

> T：「夏休みが明けましたね。みなさんどんな感じですか？」
> C：「まだボケーッとしている感じです。」
> T：「そうですよね。先生もです（笑）とはいえ，今日からまた学校が始まります。さらに成長していくためにも，夏休み前の成長を思い出しましょう。どんなことが成長したかな？」

というようなやりとりをしながら夏休み前に成長したことを話し合い，共有します。

　夏休みが明けてすぐに共有することで，夏休み前の成長した状態に戻るスピードが速くなります。さらに，大型連休明け同様，学級の土台がより固まりやすくなります。

　夏休み前に成長したことを文字化し，振り返ることでこの話し合いが充実します。白い黒板を使わなくてもいいと思います。ご自身の学級の実態に合わせて，夏休み前の成長を思い出すことが大切です。

（3）「夏休み前の成長を思い出す」×「つながる力」

　夏休みが明けると，久しぶりすぎて人間関係がなんだかぎこちないことがよくあります。ですが，夏休み前に学んだ「男女問わず関わる」「ポジティブな言葉を使う」などを話し合って，成長したつながる力を思い出すことで，スムーズに人間関係を戻すことができます。

　しかし，気をつけなければならないことは人間関係です。夏休みに大きく変わった人間関係もあるかもしれません。ですので，子どもをしっかりと観察します。

まとめ

　①成長したことを思い出す
　②成長したことを思い出し，学級の土台を固める

3 人間関係をよく観察する

（1） 夏休み明けの子ども達

「仲がよかった子と疎遠になってしまった。」
「なんだかやる気がなさそう。」
「暗い雰囲気になってしまった。」

夏休み明け，子どもの様子が大きく変わることがあります。経験則でしかありませんが，小学生の中で6年生が一番変わることが多いように感じます。理由はいくつかあると思います。

・スマートフォンの普及
・いつもと違う人との関わり
・いつもと違う生活習慣　　　　　　　　　　　　など

考えたくはありませんが，犯罪に巻き込まれているかもしれません。知らない大人と関わっているかもしれません。保護者との関係が悪くなっているかもしれません。

夏休み明けは子どもの自殺率が1年のうちに一番高い時期とも言われています。子ども達を不幸にさせないためにも，担任が子どもの様子をよく観察しておくことは大切です。

子どもの様子が変だと思ったら，担任が1人で抱え込まずに管理職や生徒指導担当と相談することも大切です。

不安をあおるようなことばかり書きましたが，子どもとの久しぶりの再会を楽しむことも大切にしてくださいね（笑）。

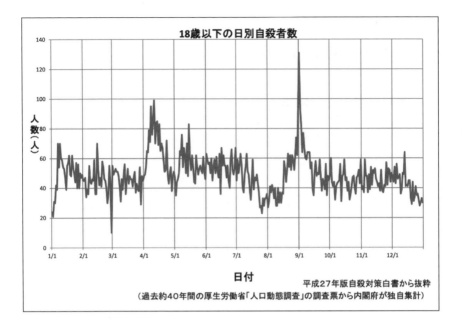

18歳以下の日別自殺者数

人数（人）

日付

平成27年版自殺対策白書から抜粋
（過去約40年間の厚生労働省「人口動態調査」の調査票から内閣府が独自集計）

（2）「夏休み明けの子ども達」×「つながる力」

　子ども達の悩みのほとんどは「人間関係」です。それが子ども同士かもしれませんし，教師と子ども，保護者と子どもかもしれません。

　子どもを守るためにも，日頃から教師と子どもとの信頼関係や，子ども同士のつながりをつくっておくことも大切です。

まとめ

①子どもの様子を観察し，変だと思ったらすぐに報連相する
②教師と子ども，子ども同士のつながりを日頃からつくっておく

【引用文献】

文部科学省「18歳以下の日別自殺者数」（https://www.mext.go.jp/content/20200824-mext_jidou01-000009294_011.pdf　閲覧日2023年8月1日）

学校行事を見通す

（1） 学校行事が多い時期

　さて，9〜12月は学校行事が盛りだくさん！6年生は朝から放課後まで引っぱりダコです。4月からの成長の成果を発揮し，飛躍的に成長できるチャンスです。しかし，とてつもなく忙しい時期でもあります。子どもも担任も忙しさに押しつぶされず，子どもの成長につなげるために**見通し**を共有しておくことはとても大切です。見通しには，子どもの活動のしやすさだけでなく，次のような効果が望めます。

> 学校行事に向けて日常から成長しようと意識を高めることができる

　学校行事だけ頑張っても学校行事は成功できませんし，成長の幅もあまりありません。学校行事を一つの目標とし，

> 日常生活の成長の成果を学校行事で発揮し，
> 学校行事での成長の成果を日常生活に還元する

　こうすることで，学校行事を通して子どもの成長を促進させることができます。

（2） 「学校行事」×「つながる力」

　私は，学校行事を利用して，次のような話を子どもとよくします。

> T：「9月からは学校行事がたくさんあります。どんな学校行事があるかみなさんは知っていますか？」

C：「運動会！」「学習発表会！」「修学旅行！」

T：「そうだね。どの学校行事でも，６年生であるみなさんは主役です。さて，学校行事のその時だけ頑張れば，学校行事は成功できるでしょうか？」

C：「できません。」

T：「どうすればいいかな？」

C：「日頃から学校行事に向けて意識する！」

T：「そうだね。日頃から成長し，その成果を学校行事で発揮することが大切だよ。それでは，これからの日常生活。どのような成長を意識していったらいいか話し合おう。」

このように話をして，日頃からどんな成長をしていったらいいか意見を集めます。すると，

「学級目標をいつもより意識しよう！」

「言葉を大切にして生活しよう！」

「男女問わず，日頃から仲良くしていこう！」

と，つながる力を発揮し，４月から成長したことを話し合い，さらに成長しようと意識を高めてくれます。

このような話は１回しただけでは効果がありません。何回も何回も繰り返し繰り返しすることで徐々に成果が上がってきます。学校行事をうまく活用することで，日常生活でさらなる成長をさせることができます。

まとめ

①学校行事を成長の機会とする

②見通しを持ち，日常から成長しようと意識を高める

5 運動会

（1） 運動会はなんのため？

運動会は1年間の学校生活の中でのビッグイベント！子ども達は最後の運動会で気合が入ります。しかし，うまくいかなければ…本当に苦労してしまいます。

運動会で6年生は主役と言っても過言ではないでしょう。大きな活躍を期待できます。しかし，活躍して終わればいいと言うわけではないと思います。

私が大切にしていることは，

> 運動会を通して成長すること

です。主役であるからこそ，大きな成長の期待をできる運動会です。6年生の成長につながる運動会を目指して行事に向かいます。

（2） 運動会での失敗談

運動会の具体的な手立てを語る前に，私の失敗談をお聞き下さい。

私が若手のころ，運動会で勝ち，子どもにいい思いをさせることがいい学級経営につながると思っていました。ですので，

「絶対に勝ちたい。応援賞も取りたい。」

と，誰よりも私が勝ち負けにこだわっていました。

運動会の練習では，

「絶対に勝つぞ！」「応援賞を取るぞ！」

と，運動会で勝てるように子どもをあおりました。練習の最初のうちはよかったのですが，しばらくするとこんな言葉が飛び交うようになります。

「お前のせいで負けた。」「俺たちが勝った。お前達は弱い。」

「お前たちが勝ったのはズルしたからだ！」「うちの応援をパクった！」
　そんな言葉を使う子どもを指導したのですが，響きません。運動会を通して，学級の雰囲気は悪くなるばかりでした。「勝ち」を目標としたがために，学級では大きな歪みが生まれてしまったのです。

　この経験から私は**「勝ち負けよりも大切な価値」**という考え方を大切にするようになりました。

（3）　勝ち負けよりも大切な価値

　私は，運動会練習が始まる前に，次のようなやりとりをして必ず運動会の価値を子ども達と共有するようにしています。

T：「みんなはどんな運動会にしたい？」

C：「絶対に勝ちたい！」「応援賞を取りたい！」
　　「思い出に残る運動会にしたい！」

T：「ありがとう。では，勝つための運動会。応援賞を取るための運動会。思い出をつくるための運動会なんだね？」

C：「ちがう…」

T：「運動会には，勝ち負けよりも大切な『価値』があります。どんな価値があるんだろう？」

C：「協力すること？」「最後まであきらめないこと？」「一生懸命に頑張ること？」

T：「いい価値に気づいたね。それではみんなで，運動会後にどんな姿になっていたいか話し合ってみよう。」

　このようなやりとりをしてから，運動会後になっていたい姿について話し合います。

T：「運動会後になっていたい姿を話し合いましょう。」
C：「最後まであきらめない姿がいいなぁ。」
C：「低学年の見本にもなりたいです。」
C：「協力できるクラスになってほしいです。」
C：「お互いを高め合いたい！」
C：「運動会が終わったら，もっと仲良くなっていたい！」

と，いろいろな意見が出ます。次の画像は，その意見の中から，子どもたち
が成長したい姿を３つに絞って，八つ切り画用紙にまとめたものです。

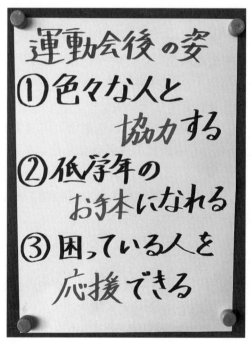

少し，稚拙な言葉かもしれませんが，「あぁでもない」「こうでもない」と，
一生懸命に話し合ってまとめたことで，子どもたちはこの３つの姿を大切に
して運動会練習にのぞむことができました。

（4） 応援

勝ち負け以上の応援の『価値』

　6年生を担任して大切にしていることは「応援」です。応援は運動会の成功を左右するほど大きな影響力があると言っても過言ではないと思います。
　そんな6年生たちに

> T：「応援ってなんのためにすると思う？」
> と問いかけると，必ずと言っていいほど，
> C：「勝つため。」

と，答えます。その答えが出た後は，次のようなやりとりをします。

> T：「勝つための応援。とても大切だと思う。でもさ，もし，リレーで走っている人が途中で転んでしまったら，どうする？」
> C：「勝つために最後まで諦めないでほしいと応援します！」
> T：「なるほど，諦めなければまだ可能性はあるもんね。でもさ，絶対に追いつけない。勝つことはできない。ビリは決まってしまうくらいに差がついていたらどうする？」
> C：「…」
> T：「勝ち負けよりも『価値』のある応援ってなんだろう？」
> C：「弱っている人に元気を与えること？」
> T：「それもありそうだね！みんなで一緒に考えていこう！」

　応援の『価値』を話し合い，共有することで，全校のリーダーとして運動会を支える立派な応援につなげることができます。

春休み　4月　5〜7月　9〜12月　1〜3月

（5） 係活動

　6年生の活躍する場面は応援だけではありません。数多くある「係活動」も重要です。

> ### 係活動で勝ち負け以上の価値を手に入れるにはどうしたらよいか

　係活動は，一生懸命に頑張ったところで運動会の勝ち負けには関係ありません。応援担当や運営担当と比べて目立たない活動になるかもしれません。ですので，手を抜いて活動してしまうこともよくあります。だからこそ，係活動の『価値』を共有することが大切です。

> T：「運動会には，係活動があります。はっきり言って，勝ち負けに
> 　　関係がありません。そんな係活動の「価値」ってなんだろう？」

　このように投げかけると，

> C：「運動会を成功させるための大切な役割。」
> C：「人の役に立つこと。」
> C：「目立たないけれどなくてはならないもの。」

など，さまざまな意見が出てきます。それらの意見をもとに，運動会の係にどのように取り組んでいくか，共有していきます。

（6） 競技の取り組み方

　ここまで「勝ち負け以上の価値」を共有していると，競技の取り組み方はすぐに意見が集まります。

> 競技で手に入れる勝ち負け以上の『価値』

> T：「では，競技で手に入れられる勝ち負け以上の『価値』は？

と問うと，

> C：「最後まで諦めない心。」「目標に向かって努力すること。」
> C：「諦めそうな時に応援し合うこと。」
> C：「たとえ負けても相手の頑張りを讃えること。」「応援し合うこと。」

と，さまざまな価値を言うことができます。この価値を確認することで，たとえ色が違ってもお互いを尊重し，讃え合う運動会にすることができます。

（7）「運動会」×「つながる力」

　運動会は勝ち負けがあります。勝ち負けにこだわりすぎてしまうと，運動会を通して，人間関係が悪くなることがあります。しかし，「勝ち負け以上の価値」を共有することで，勝ち負けのある運動会で，つながる力を発揮しながら運動会に取り組むことができます。勝ち負けがあるからこそ，感動が生まれ，よりよい成長をすることができます。

　学年に複数学級ある場合は，学年全体で共有することもオススメです。色を超えた，学級を超えたよいつながりをつくることができます。

まとめ

　①勝ち負け以上の価値を共有する
　②よりつながりを強める運動会にする

6　学習発表会

（1）　学習発表会はなんのため？

　運動会もひと段落して文化の秋がやってきます。学習発表会をする学校も多いのではないでしょうか？ちなみに私の勤めたことのある学校では，音楽集会という名目で，合唱や合奏を披露する機会が多かったように感じます。学習発表会であれ，音楽集会であれ，目的を持って取り組むことが大切です。

　私は学習発表会では運動会と同様に

> **学習発表会を通して成長すること**

を目的としています。

　学習発表会は勝ち負けのある運動会とは違い，**「学級全体で１つのものを作り上げ，お客様に喜んでもらう」** という特性があると考えています。この特性を生かして，学習発表会では「喜んでもらう」という目標に向かって，努力したり協力したりする成長をさせることができます。

（2）　学習発表会での失敗

　以前の私は，学習発表会は **「素晴らしい発表をつくりあげること」** を目的としていました。

　私は吹奏楽を習っていたということもあり，音楽や演出も好きだったので，お客様に喜んでもらおうと一生懸命にがんばりました。保護者からは「すごくよかった」と声をかけてもらうことができましたし，私自身もとても満足のいく発表になりました。しかし発表が終わった途端，

　「あの素晴らしい発表はなんだったんだ…」

と，がっくりする日常に戻ってしまいました。

　どうやら私は，子どもを置いてけぼりにして，私が満足する発表をつくっていたようです。その年の子どもと私はよい人間関係だったので，子どもはよくついてきてくれました。しかし，私についてきてくれただけで，子どもたちの成長にはつながっていなかったのです。
　この経験から，

　「喜んでもらう」という目標に向かって，努力したり協力したりする成長をさせる

ということを大切にするようになりました。

（3）　喜んでもらう発表をするために

　事前指導では，目的を子どもと共通理解します。

Ｔ：「音楽集会は，よい発表にしたいですか？」
Ｃ：「したいです！」
Ｔ：「おお！いいですね，それはなぜですか？」
Ｃ：「…」
Ｔ：「先生は，音楽集会で『お客様に喜んでもらうよさ』を味わってもらいたいんだ。ここでいうお客様って誰のことだろう？」
Ｃ：「おうちの人」「他の学年の子ども達」「先生方」
Ｔ：「そうだね。お客様に喜んでもらうために頑張るという事は，その人の心を大切にする事にもつながるんだよ。では，お客様に喜んでもらえる発表にするために，日常から何ができるか，話し合ってみよう。」

このように話をすると，
「練習に一生懸命に取り組む。」
「恥ずかしがらずに声を出す。」
「みんなで心を一つにする。」
などの意見ができます。ここで子どもと一緒に決めたことを紙に書いていつ
でも振り返られるようにします。また，練習には次のように取り組みます。

喜んでもらう姿をイメージさせながら練習する

どうしたらお客様に喜んでもらえるか，イメージさせます。
　・表情　　・声の大きさ　　・体の動き　　・立ち位置
喜んでもらうイメージが子どもを成長させます。

発表だけでなく，動きも練習する

　発表だけよくてもお客様に喜んでいただけません。発表にのぞむ姿勢も大
切です。そこで，
　・座り方　　・立つタイミング　　・ステージに向かう歩き方　　・視線
　・雛壇の上り下り　　・ステージの立ち位置　　・ステージでの立ち振る舞い
など，本番の台本を使って本番通りに何度も動く練習をします。
　この動きの練習が子ども達の自信につながり，よりよい発表につなげるこ
とができます。

本番は，教師が一番ワクワクし，一番喜ぶ

　当日は，教師が一番ワクワクします。特別なことはしなくても，教師がワ
クワクしている姿を子どもはよく見ています。本番終了後は，成功しても失
敗しても教師が一番喜びます。

（4）「学習発表会」×「つながる力」

　私が子どもだった頃は，学習発表会では一部の子が一生懸命にがんばり
「先生！ふざけて練習してくれない人がいます！」
と，学級内で対立構造が生まれていたように感じます。

　今でも，子ども達にパート練習を任せると，同じような対立構造が生まれ
ることがあります。だからこそ大切にしたいことが

> ・共通の目標を持つこと
> ・日頃から男女問わず誰とでも協力すること

です。
　学習発表会に向けて，「お客様を喜ばせることの大切さ」を教師が語り，
子ども達が理解することで，共通の目標にすることができます。また，日頃
から男女問わず誰とでも協力する関係をつくることで，学習発表会でも協力
して活動に取り組むことができます。そして，その関係性をさらによいもの
にすることができるでしょう。
　学習発表会を通して，共通の目標を持ち，男女問わず誰とでも協力するこ
とを経験すると，日常の学校生活でもそれを生かして行動できるようになり
ます。

まとめ

①「お客様に喜んでもらう」という共通の目標を持つこと
②共通の目標をもとに学級全体で一つのものをつくりあげる

7　修学旅行

（1）　修学旅行はなんのため？

　9〜12月に修学旅行を紹介させていただいていますが，4〜8月にいく学校もあるかもしれません。時期によって修学旅行の目的は変わってきます。学習面やマナー面など，いろいろな面の目標があると思いますが，私は「つながる力」面の目標を次のように設定しています。

> ○修学旅行が4〜8月なら…年度はじめのつながれていない状態の「つながり」を一気に促進させるため

> ○修学旅行が9〜12月なら…日常の「つながり」の成長の成果を発揮して，より強いつながりにするため

　さて，子どもは修学旅行の目的をなんだと捉えているでしょうか？多くの場合，**「思い出づくり」**だと考えていると思います。

　修学旅行は遊びではありません。「修学」するための「旅行」であり，学びのために行くものです。ですので，学習面や友達面，マナー面などの学ぶことの目的を持って参加することが大切です。

　私は，「思い出づくり」を修学旅行の目的の中心とはしません。

　しかし，学ぶことを目的として持った上で…

> 思い出づくり「も」大切

だと考えています。私が若手の頃は，思い出づくりは仲のいい友達や家族と

すればいいと思っていました。しかし，子どものうちから友達同士で旅行に行く機会をつくることはほぼできません。また，家庭の事情により，なかなか旅行に行くことのできない子だっています。もしかしたら，友達同士で行く最後の旅行になる子もいるかもしれません。

> ですので，思い出づくりも大切だと考えます。

　私が小学生の頃は，箱根に行きました。私自身，（こんなことを言ってはいけませんが…）修学旅行で学んだことはあまり覚えていません。しかし，修学旅行先で黒卵を食べられなかった思い出は今だに覚えています。箱根の大涌谷で，集合時間に遅れそうだったので，走って移動しました。走ったことと，硫黄のにおいがきつかったことで気持ち悪くなってしまい，楽しみにしていた黒卵を食べられなかったのです。

　黒卵を食べられなかったことは，学びでもなんでもありません。人が聞いてもいい思い出と感じてもらえないでしょう。しかし，箱根に行くたびに黒卵を食べられなかったことを思い出し，フフフっと笑ってしまいます。私にとってでしかありませんが，こんなことがいい思い出になっています（笑）

　「修学」するための「旅行」ですので，学びを目的とすることは大切です。そして，その学びを通してできた思い出は，子どもにとって，一生の宝物になるかもしれません。ですので，学びを大切にしながら子どもの思い出づくりも大切にしたい。今ではそんなことを思いながら修学旅行を企画・運営しています。

（2）　修学旅行の勝負は４月から始まっている

　修学旅行ではいろいろなトラブルが考えられます。たとえば，
　　・活動グループが決まらない　　・寝る部屋のグループが決まらない

春休み　4月　5〜7月　9〜12月　1〜3月

・グループ活動でバラバラになる　・きまりを破る
など，さまざまです。

    私が修学旅行に向けて何も対策をしていなかったときのことです。
    ある年では，女子がグループを決める時に，約束をしていたのにも
関わらず他の子とグループをつくってしまい，「裏切り者！」と，喧
嘩になったことがあります。
    またある年では，修学旅行の当日，男子と女子でグループが分裂し
てしまい，別々に行動したことがあります。
    またある年では，持ってきてはいけない携帯電話を持ってきてしま
い，バスの中で着信音が鳴ってしまい，夜のホテルで子ども達を呼び
出して指導しなければならなくなったことがあります。

　何も対策をしていなければ，確実と言っていいほどトラブルが起きます。
修学旅行は事前指導が９割と言っても過言ではありません。ですので私は，
４月の早い時期から修学旅行に向けて子供達へ次のような話をし，どのよう
に日頃から行動するか考えさせています。

○特定の子とのグループに対して

Ｔ：「みんなは，特定の子との仲良しグループみたいなものはありま
　　すか？仲良しな子と一緒に行動すると，楽しいし安心するよね。
　　でもね，その仲良しの子とのグループが原因で大変になってしま
　　うことがあるんだよ。例えば修学旅行。いつもは４人グループで
　　行動していたとします。でも，**修学旅行でつくるグループでは３**
　　人でグループをつくらなければいけないことがある。みんなだっ
　　たらどうする？」

このように問うと，子ども達は黙ってしまいます。しばらくすると，誰かがこのように答えてくれます。

> C ：「誰かが他のグループに行くしかないよね。」
> T ：「そうだよね。誰かが行かなければならないよね。もし自分が移動する人になってしまったら，それって納得できる？」

子ども達は黙ります。

> T ：「そう。誰も動きたくないんだよ。仲のいいグループでないところに行きたくないもんね。だから，外れることになったら，泣いて他のグループに行くんだよ。でさ，他のグループの子はさ，泣きながら自分のグループにやってくるのをどう思う？」
> C ：「自分たちが否定されて嫌な気持ちになります。」
> T ：「そうだよね。楽しいはずの修学旅行。なのに悲しい思いをしてしまう子も出てきてしまうんだ。どうすれば，みんなが楽しい修学旅行にすることができると思う？」
> C ：「日頃からいろいろな人と仲良くしておく？」
> T ：「そう，日頃からどのように人と接しておくかはとても大切なんだよ。仲のいいグループがあることはいいこと。でも，仲のいい子とだけしか活動できないと，困ってしまうことがたくさんあるんだ。だから，4月の今からいろいろな人と関わって，素敵な1年間にしていこうね。例えば，どんなことを心がけたらいいかな？」

というように，修学旅行と心構えを関連づけながら日常の過ごし方を話し合い，共有していきます。このような話をすると，
　「日頃から男女関わらず誰とでも関わる。」

春休み

4月

5〜7月

9〜12月

1〜3月

「普段関わらない人とも積極的に関わる。」
「悪口や陰口は絶対に言わない。」
と，発言をして行動を改めてくれる子が出てきます。
○きまりを守ること

T：「みんなは，きまりについてどう思う？」
C：「守らなければならないもの。」
T：「そうだよね。守らなければいけないよね。なんのために守らなければいけないんだろう？」

このように話をすると，黙ってしまいます。

T：「きまりを守ることは，みんなを守ることにつながるんだ。例えば信号機は何を守っている？」
C：「命」
T：「そうだね。他にも，運転のしやすさにもつながっているんだよ。」
T：「先生が以前担任した子の中で，修学旅行の時に携帯電話を持ってきてしまった子がいたんだ。修学旅行に携帯電話を持ってくることは，夜寝るのが遅くなったり，同じ班の子との関わりが薄くなったりするから禁止にしていたんだ。だからね。その日の夜に持ってきた子を先生の部屋に呼び出してお話をしなければいけなかったんだ。楽しいはずの修学旅行が楽しくなくなってしまったことがあったんだ。」
T：「修学旅行を楽しいものにするためにも，きまりの意味について考えながら日々の学校生活を送って欲しいと思っているよ。」

このように，4月の初め頃から，担任が大切にしている考え方や経験談を

修学旅行と関連づけ，子ども達に伝えるようにしています。そして，

　「楽しい修学旅行にしたい！」

という思いを日常生活に反映させつつ，子ども達の成長につなげていきます。

（3）「修学旅行」×「つながる力」

　修学旅行は，子どもはとても楽しみにしている行事です。冒頭に，

　「修学旅行は事前指導が９割。」

　「４月の早い時期から話をする。」

と書かせていただきました。

　子どもにとって楽しみな修学旅行を成功させることを意識づけることで，日常の指導が入りやすくなります。修学旅行のために４月の初めから日常の指導をすることが大切です。

　ですので，「修学旅行をよいものにしよう」「そのためによい人間関係を日頃からつくっておこう」と早いうちから呼びかけることで，日常生活で学級のよい人間関係づくりにつなげることができます。

　そして，その成長の成果を生かしながら修学旅行でつながる力を発揮することで，日常生活でできあがってきた人間関係をさらによいものにすることができます。

まとめ
①修学旅行に向けて早めに指導を始める
②よい修学旅行にするための方法を日頃から子どもと一緒に考える

学校行事の成長の成果を日常に返す

（1） 行事は成功したのに…

　修学旅行や運動会，学習発表会の学校行事が終わりました。子ども達は一生懸命に頑張ってくれました。

　しかし，学校行事が終わって教室に入ると…

　「あの時の成長はなんだったんだ。」

と思うくらい，元に戻ってしまっていることはありませんか？それは，学校行事と日常の学校生活が結びついていないからだと考えられます。前述しましたが，学校行事で大切にしたいことが，

> 日常生活の成長の成果を学校行事で発揮し，
> 学校行事での成長の成果を日常生活に還元する

です。学校行事での成長の成果を日常に還元します。

（2） 学校行事の振り返り

　学校行事での成長の成果を日常に還元するために大切にしていることが，

> 振り返り

です。

　個人の振り返りと学級全体の振り返りをしています。

（3） 個人の振り返り

　私は，個人の振り返りを次のようにしています。

---

①教師がタイトルを与える

②振り返りの型Ｃ（123ページ）を与えて振り返りを書かせる

○振り返りＣ「わかったことは ＿ つあります」

---

①わかったことは ＿ つあります。

②１つ目は〜，２つ目は〜３つ目は〜

③これからは，まとめ

　例えば，運動会なら次のような振り返りになります。

　私が運動会で成長したことは３つあります。

　１つ目は，応援です。私はこれまで，勝つために応援をしてきました。なので，相手が失敗すると，心の中で喜んでいたし，自分の色が失敗をすると，失敗した子を責めたりしていました。でも，応援について話し合っているとき，○さんが，「応援は人を勇気づけるため」と意見を言っていました。私は，その通りだと思い，人を勇気づけるために応援しました。自分の色はもちろん，相手の色も応援しました。すると，勝った時は「おめでとう」と言ってくれ，負けた時は「よく頑張った」と励まし合うことができました。勝ち負けではなく，人を勇気づけるための応援をこれからも心がけていきたいです。

　２つ目は，…

　型を与え，普段から振り返りを書く機会を取り入れておくと，このように

たくさんの文章を書いてくれます。もちろん，全員が全員，このような振り返りを書けるわけではありません。書けない子に対しては，「どんな成長ができたか一緒に考えてみようよ」と，担任が寄り添いながら，声をかけて一緒に書きます。それでも書けなければ，一言もらう程度でいいと思います。

　大切なことは，どのような成長をしたか振り返ることです。振り返ることで，行事で成長したことを自分に落とすことができます。

（4）　学級全体の振り返り

　個人の振り返りを書いたら，次は学校行事での成長を日常でどのように生かすか話し合います。話し合いは，次のように行います。

---

①教師がタイトルを与える

　例）運動会で成長したことで日常で生かすこと

②一人一発言で意見を集める（被ってもよい）

③日常で生かすことベスト3を決める

④掲示物にして飾る

　（ベスト3以外も掲示物に残し，日常に生かす）

　すると，

「相手に勇気をつけるために応援すること。」

「時間を守って行動すること。」

「低学年のお手本になるように行動すること。」

など，いろいろな意見が出ます。

　学習発表会でも修学旅行でも日常生活の成長と学校行事の成長を結びつけることで，子どもの成長につながります。

　話し合ってみると，学校行事ごとに，子どもが成長したと思うことが違ってとても面白いです。

（5） 成長したことを喜ぶ

　話し合って終わりにしてはいけません。教師の大切な役割が，

> 成長したことを喜ぶこと

です。学校行事や日常生活で話し合ったことを実際に行い，成長している子がたくさんいます。その子達にきちんと着目し，

　「運動会で成長しているね。」

　「話し合ったことを意識してくれて嬉しいよ。」

と，声をかけます。子どもの頑張りを教師が喜ぶことで，子ども達はさらに成長しようと，意識を高めてくれます。

（6）「学校行事の成長の成果を日常に返す」×「つながる力」

　学校行事には学校行事にしかできない子どもの成長や，日々の成長の成果をさらに成長させる力があります。ですので，その場で終わりにしてはもったいないです。

　運動会や学習発表会など，学校行事を生きがいにし，一生懸命に頑張る子がいます。目立たないけれどコツコツと頑張る子もいます。

　さまざまな子の成長の成果に目を向けるきっかけを与えることで，お互いのよさを尊重し合えるつながりができるようになると感じます。

まとめ

①学校行事の成長の成果を振り返る
②成長の成果を日常に生かす

Column 2 支え合いながら生きていく

初めて６年生を担任したあの年。私は学級を崩しました。

　今年で16年目になります。私は現在までの教員人生で６年生を６回担任しています。ありがたいことにこのような本を書いていると，
　（立派な学級経営をされている方なんだ）
と思われることがあります。

　しかしそんなことはありません。毎年苦しみながら学級経営をしています。特に初めての６年生は，今でも思い出したくないくらい学級を崩してしまいました。また，その年とは別に，最終的にはいい終わり方をした年だったとしても，その道中で何度も心が折れそうになったことだってあります。

　その度に私は何度も教員を辞めようと思いました。しかし，今でもこの仕事を続けられているのは，

> 私を支えてくれた人がいたから…

　後輩や先輩などの同僚。初任から一緒にいる同期。助けてくれた管理職。勇気をくれた本の執筆者や学びの仲間。心に寄り添ってくれる家族。
　いつも私の周りには，誰かがいてくれたように感じます。
　ネガティブ思考の私です。もし私１人だったら…どうなっていたかわかりません。

人生は近くで見ると悲劇だが，遠くから見れば喜劇だ

チャールズ・チャップリンの名言です。この言葉のおかげで，その時は辛いと思っていたことでも，（あの時の自分があるから今の自分がある）と思えるようになりました。

本書でご紹介している実践は，今の私を支えてくれている実践です。その実践のほとんどが，うまくいかなかった時に学んだり試行錯誤したりして，出会うことのできた実践になります。

今，私はあの頃よりは楽しく学校の先生をできています。それは，うまくいかなかったあの頃があったおかげと言えるでしょう。

しかし，あの頃よりは楽しくなったとはいえ，今でも逃げ出したくなることはたくさんあります。そして，私と同じように，苦しみながら先生の仕事をしている人だって山ほどいます。だからこそ，

支え合いながら生きていく

そんなことを大切にしていきたいと思っています。私は辛い時，周りに相談したり愚痴を聞いてもらったりしています。いろいろな人から元気をもらいながらなんとか続けています。そんだ私だからこそ，

もしかしたら誰かの支えになるかもしれない。

という思いを込めてこの本を書き上げました。この本が，読者の皆さんが辛い時にそっと寄り添える本に，伸び悩んだ時にそっと後押しできる本になれたらと思います。

感謝でつながり，
学級の土台から羽ばたく

 成長の成果を感謝する時期

（1）　1〜3月はどんな時期？

　4月から最高学年として頑張り，大きな成長をしてきました。1〜3月はその成長の成果を

> 感謝する時期

として考えます。もちろん，子どもの成長は子ども自身の力による部分が大きいと思います。しかし，学校があり，いろいろな方と出会ったからこそ成長できたはずです。その成長を振り返り，感謝を伝えていく雰囲気を大切にします。

　とはいえ，「感謝は強制するものではないでしょ？」というご意見もわかります。しかし子ども達は最高学年と言えども，まだ子どもです。感謝の大切さを教え，伝える大切さを身につけさせたいものです。
　松下幸之助さんの名言で，次のような言葉があります。

> 「感謝の心が高まれば高まるほど，それに正比例して幸福感が高まっていく。」

子ども達が幸せな人生を歩むためにも，人に感謝のできる人に成長してほしいと願っています。

　ここで大切にしたいことは，子どもだけが感謝をすればいいという訳ではないことです。**1年間一緒に過ごした担任自身も子ども達に感謝する時期**にします。子どもと担任で感謝し合い，感謝の心が高めれば高まるほど，子どもも担任も幸福感が高まります。そして，

> 学級全体の幸福感

を感じながら卒業式まで子どもと一緒に過ごすことができます。子どものためにも，教師自身のためにも，お互いが感謝を伝え合えるようになったら素敵だと感じます。

（2）「成長の成果を感謝する」×「つながる力」

　小学校生活の残り少ない貴重な時間です。1～3月は，6年生を送る会や卒業式など，感謝を伝える機会がたくさんあります。

　この時期は特に，学校行事や日常生活，授業などの学校教育全体を通して，感謝という感情で子ども同士や子どもと教師，子どもと学校などとつながることを大切にします。そして，感謝でつながるよさを味わってもらい，子ども達の幸せな未来に向かって羽ばたけるように卒業をさせていきます。

まとめ

①感謝の気持ちで人とつながる
②学級全体で感謝の気持ちを持ち，幸せを感じる学級にする

**残り少ない日常を大切にし，
成長のラストスパートをかける**

（1） 1月～3月はあっという間

> 「一月往ぬる二月逃げる三月去る」

という言葉をご存知でしょうか？これは，「正月や節分にうるう年などが目白押しな1～3月までの時期は，時間の流れが早く毎日があっという間に過ぎ去ると喩えた言葉」です。別の言葉で，「光陰矢の如し」という言葉もありますね。

　この言葉の通り，1～3月は「あっ」という間に終わってしまいます。本当に一瞬です。だからこそ，残り少ない日常を大切にし，成長のラストスパートをかけようという意識を学級全体で持つようにします。

（2） 子ども達と時の流れる速さを共有する

> Ｔ：「「一月往ぬる二月逃げる三月去る」っていう言葉は知ってるかな？これはね，1～3月まではあっという間に終わるという意味なんだよ。先生の経験上，6年生のこの時期は本当に一瞬で終わります。」
>
> Ｃ：「嘘だぁ」
>
> Ｔ：「本当だよ。それに1～3月，学校が○日しかないんだよ。時の流れも早く感じるし，残りの日数も少ない。だから，本当にあっという間なんだ。学校行事もたくさんあるんだよ。でもね，先生は何気ない日常も大切にしてほしいと考えてるよ。6年間の最後の学校生活です。この時期をどんなふうに過ごしていきたいかな？」

このようなやりとりをして，残りの学校生活をどのように過ごしていくか子ども達から意見を集めます。

　「友達と仲良く過ごす。」「時間を大切にする。」「立派な姿になる。」など，さまざまな意見を出してくれます。

（3）　日めくりカレンダー

　定番かもしれませんが，残りの日数を意識するために日めくりカレンダーを書いています。カウントダウンを書くだけでなく，イラストやメッセージを書くことで，残り少ない日数を大切にすることができます。

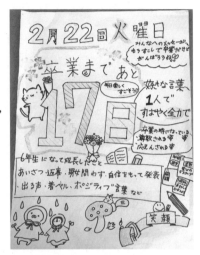

（4）　「残り少ない日常を大切にする」
　　　×「つながる力」

　人は残りが少なくなると，大切にしたくなるものです。だからこそ，残りの少なさを共有することを心がけています。

　残りが少なくなることがわかると，今まで積み上げてきたつながる力の成長の成果を，学校行事や日常生活に生かそうとしてくれます。その意識が最高学年として成長のラストスパートにつながります。

> **まとめ**
>
> ①残り少ない日数を実感させる
> ②残り少ない日常を大切にする意識を高める

3 学習のまとめ

（1） 年度末テストで6年間の学習の成果を発揮する

　みなさんの学校には，「年度末テスト」のようなものはあるでしょうか？私の勤める自治体には年度末テストがあり，毎年2月の終わりに設定されています。この年度末テストを

> ・学習の成果を発揮する場
> ・中学校への準備の場

として考え，ただテストに取り組ませるのではなく，子どもの成長の場となるように心がけています。

（2） 学習の成果を発揮する場

　1年間，宿題や自主学習の取り組み方を指導してきたと思います。その学び方をもとに，1年間の学習の成果を発揮する場とします。私は，96ページでご紹介した「学びの5ステップ」の取り組み方を確認し，年度末テストにむかうようにしています。

　学び方を確認することで，最後に成果の上がる学習の仕方をしっかりと身につけられるようになります。

学びの5ステップ
①問題を解く
②丸付け（間違い探し）
③間違い直し（分析）
④もう1度間違えた問題
⑤もう1度全部の問題
※④⑤まで取り組んではじめて力がつく！

（3） 中学校への準備の場

　中学校に入ると，5月の終わり頃に中間テストが設定されている学校が多

いと思います。中学校のテストは小学校と違い，テスト範囲がとても広いです。テスト範囲が広いことが，中1ギャップにつながることもあると聞いたことがあります。そこで最後の年度末テストを，中学校のテスト勉強の練習の場としています。

中学校のテストとの向き合い方を参考に次のような方法で取り組みます。

①テストの日程を公開し，意識づけをする
②テスト範囲を確認する
③学習の目標と計画を立てる
④達成できたか振り返りをする

いつものテストとは違う雰囲気をつくり，テストに向かう心構えをつくります。

（4）「学習のまとめ」×「つながる力」

1年間の学習のまとめは，ある子にとっては前向きに取り組めるかもしれませんが，ある子にとってはなかなか前向きになれないかもしれません。そんな時だからこそ，今まで積み上げてきたつながる力を発揮させます。

「あの子があんなに頑張っているから私も頑張ろう。」
「力を合わせて勉強に取り組もう。」
「一生懸命に取り組む雰囲気をみんなでつくろう。」

と，学年末テストに向けて，学級全体が1つのチームとして取り組めるようにします。しかし，ピアプレッシャーになってしまうと逆効果ですので，学級の様子を見ながら取り組みます。

> **まとめ**
>
> ①学習の成果を発揮する
> ②積み上げてきたつながる力の成果を発揮して取り組む

春休み

4月

5〜7月

9〜12月

1〜3月

6年生を送る会

（1）　6年生を送る会は全校に感謝を伝える会

　6年生の送る会は，「6年生に感謝を伝えよう」という意味合いが強い学校行事です。6年生の担任としては，本当にありがたいことですが，

> 6年生も全校に感謝を伝える会

という考え方を大切にしています。

（2）　送る会の失敗談

　6年生を送る会は，「6年生に感謝を伝えること」を目的に設定されていることが多いと思います。しかし，その目的を忘れてしまい，

発表会

にしてしまったことがあります。

　ある年，6年生以外の学年担任になった時のことです。劇の台本をつくり，その劇を子ども達に演じてもらいました。表現の指導もしっかりとしました。子ども達が一生懸命に頑張ってくれたおかげで，とても素晴らしい劇になったと思います。しかし…

素晴らしい劇になっただけ

だったように感じます。

　その劇には6年生に感謝を伝える要素が入っていなかったのです。6年生への感謝を伝える要素を入れるべきだったと反省しています。

　今では，6年生であるならば，全校の皆さんやお世話になった方々への感謝の要素を取り入れた発表内容にしたいと考えています。

（3） ６年生を送る会の心構えをつくる

　６年生を送る会の心構えをつくるために，１～５年生のときの６年生を送る会の取り組み方を子ども達と振り返ります。特に，５年生のときにどのような取り組みをしたかよく話し合います。

> T：「みんなは今まで，６年生を送る会にはどのように取り組んでいたの？」
> C：「１年生の時は○○をやって，２年生の時は△△をやったよ！」
> T：「色々やってきたんだね。５年生の時はどうだった？」
> C：「司会をしたり，暗幕の開閉や，裏方を頑張りました！」
> T：「今までずっと頑張ってきたんだね。ところで，何のためにみんなは６年生を送る会で出し物をしていたの？」
> C：「６年生に感謝を伝えるためです。」
> T：「そうだね。みんなはずっと６年生に感謝を伝え続けてきたんだよね。では，今度は伝えられる側になります。みなさんはどのように６年生を送る会に取り組んで行きますか？」

このようにやりとりをしてから，取り組み方を話し合います。すると
「送る会をしてもらったことに感謝をする！」
「今までお世話になった人たちに感謝を伝えたい！」
「次はみんなの番だよと，バトンタッチしたい。」
と，いろいろな意見を出してくれます。

　本来なら感謝される立場の６年生を送る会です。しかし，感謝される立場だからといって，驕った態度をとってはいけません。「６年生のためにしてくれていること」に感謝を感じられる機会にしていきます。
　ですので，このような話し合いをしてから，６年生を送る会に向かう心構

えをつくっていきます。

（4）　6年生を送る会の出し物

　みなさんは，6年生を送る会の出し物をどのようにして決めているでしょうか？私は6年生が話し合って決めるようにしています。しかし，全てを子どもに任せきりにしてはいけません。担任が少しだけ介入することでより感謝の伝わる送る会にすることができます。

> T：「みんなはどんな出し物をしたい？」
> C：「劇！」「お笑い！」「ダンス！」
> T：「おぉ！やりたいことがいっぱいあるね。出し物は基本的には皆さんにお任せしようと思っています。でも1つだけ。絶対に外してはいけないことがあるよ。なんだと思う？それはね。**6年生も感謝を伝える会にすること**。それを踏まえて出し物を決めていこうね。」

　以前，私は出し物も担任が考えたことがあります。確かに子どもが考えるよりいい出し物ができたと思います。しかし，子どもからはどこかやらされている感が出ていました。最後の発表の場です。これまで積み上げたつながる力を発揮し，子ども達が自分たちで決め，自分たちで考え，自分たちで演出することで，自分たちの6年生を送る会にすることができます。

　ただし，上のやり取りのように6年生を送る会や取り組み方など，おさえなければならないところはしっかりとおさえなければなりません。**自由ではあるが，好き勝手ではない出し物**になるように担任が関わります。

（5）　「6年生を送る会」×「つながる力」

　私は，担任が発表の手綱は握るものの，どんなに出し物がよくなろうともそうでなくとも子どもに全てを考えさせるようにしていました。しかし，そ

の考え方も少し変わりました。

　ある年の6年生を送る会です。その年，私は5年生。力のある若手が6年生を担任していました。その6年生は子ども達が主体的に活動をしていました。子ども達は自由に，楽しそうに演技をしています。もちろん，学校への感謝を伝えることも大切にしています。私が（さすがだなぁ）と思って発表を見ていると…

谷川俊太郎さんの「生きる」

の群読が始まったのです。私はそこに担任の影を感じました。（私ならこういう演出はしないな）と思ったのも束の間…子ども達が力強く群読をする姿に，涙が込み上げてきました。そして発表の最後，6年生が

　「ありがとうございました！」

と挨拶している姿は，最高学年らしい，卒業生らしいとても素晴らしい姿でした。私はとても感動しました。周りも同じように感じたらしく，6年生の発表が終わると拍手喝采でした。

　発表が終わって担任に聞いてみると，やはり詩の群読は，担任のアイディアでした。6年生担任の若手は，担任も関わることで子どもの持つよさを存分に引き出していたのです。改めて，この時期だからこそ担任が適切に関わることで子どものつながる力をより高められるのだと感じました。

　感謝を伝える会にすることで，子ども同士が素敵なつながりをすることができます。そこに担任が加わることで子ども同士のつながりから学級全体のつながりに広がっていきます。**担任だって1年間一緒に過ごした学級の一員である。**そんな大切なことを若手から学ぶことができました。

> **まとめ**
>
> ①送る会の目的を共有する
> ②学級全体のつながりを実感させる

5 卒業式

（1） 卒業式は何のため？

　みなさんは卒業式の目的をどのようにお考えですか？私は，６年生の卒業式の目的を

> 関わってくれた人や学校に感謝を伝える
> 輝く未来へ羽ばたくスタートをする

と，考えています。卒業式は６年間の最後の授業。子ども達の６年間の集大成となります。ですので，目的を持ち，子ども達と共有して卒業式練習や本番にのぞむことはとても大切です。

　目的は担任によって違っても構わないと思います。６年生の担任として，どのような目的で卒業式にのぞむか考え，取り組むことが大切です。

（2） 形を整える卒業式

　卒業式の練習をしていて違和感を感じるのが「動かない」「姿勢を正す」「礼を揃える」というような**何度も練習を繰り返して形を整えること**です。

　儀式的行事ですので，形にこだわることが大切なことは理解できます。しかし，形にこだわって練習しすぎたせいで子どもはうんざりしてしまい，姿は整っていても，心の伴わない卒業式になってしまったことがあるという話を聞くことがよくあります。

　私もこの話には賛成でした。しかし，ある年，一緒に組んだ学年の先生の影響で考え方は大きく変わります。その先生は，

> 「涙の流れない卒業式なんて嫌だ。」

と，熱く語る先生でした。

　形にこだわります。呼びかけにこだわります。何度も練習します。私が以前は否定した練習の取り組み方でした。しかし，形だけにこだわっていたわけではありませんでした。指導の根幹には，「心」があったのです。

　その先生は
　「心は姿勢に現れる。心が姿勢をつくり，姿勢が心をつくる」
というお話をよくされていました。練習の前に卒業式には

> 「卒業式は6年間の最後の授業です。今までお世話になった人たちにどのような気持ちを伝えますか。」

と，心の話をよく子どもにしていました。そして，

> 「気持ちは姿勢に表れます。」

と伝え，何度も何度も形にこだわって練習をしました。嫌気がさしている子どもは1人もいませんでした。みんなが

> 「立派な姿で卒業するんだ。」

という強い意志で練習に取り組みました。卒業式が近づき，子ども達の気持ちが高まってくると，
　「卒業式の朝練をさせてください！」

と言ってくる子が現れるほどでした。今の時代は，登校時間を早めることは
難しいと思いますが，当時はその辺は寛大で，朝練習に取り組みました。

　そのおかげもあり，子ども達は立派な姿勢で卒業式にのぞむことができました。それだけではありません。一生懸命にやり切ったという自信に満ちた姿と，お別れをしたくないという気持ちから溢れてくる涙でとても感動的な卒業式になったのです。

　この卒業式を体験して，先輩のおっしゃる
　「心は姿勢に現れる。心が姿勢をつくり，姿勢が心をつくる」
という言葉をよく理解することができました。

　卒業式のような厳かな雰囲気は，ほとんどの場合，６年生と中学生の卒業式でしか体験できない貴重な機会です。だからこそ，心も形もどちらも大切にした卒業式になるように心がけています。

（3）　卒業式に向かう心構え

　６年生を送る会が終わるといよいよ卒業式です。まだ，本格的な練習が始まっていない時期に，卒業式に向かう心構えをつくります。

Ｔ：「みんなは５年生まで，卒業式練習に参加して，どんな気持ちに
　　なった？」
Ｃ：「動いちゃいけないから，とても大変だった。」
Ｔ：「そうだよね。大変な気持ちになってしまうよね。なんで動いて
　　はいけないんだろう？」
Ｃ：「…？」
Ｔ：「先生はね，お祝いするためだと思うよ。色々なお祝いの仕方が
　　あってね。６年生を送る会みたいに，楽しい雰囲気で言葉にして

お祝いすることもある。逆にね，シーンとしたピシッとした雰囲気でお祝いすることもあるんだ。

　この，シーンとしたピシッとした雰囲気でするお祝いを**儀式的行事**って言って，日本では昔から大切にされていることなんだよ。」

T：「難しいことはわからないけれど，先生は昔卒業式でとても感動したことがあってね…」

T：「ある年の先生が担任した6年生は，5年生までふざけてしまう学年だったんだ。でも，6年生最後の年，一生懸命に頑張って素晴らしい姿に成長したんだ。」

T：「そして6年生最後の卒業式。6年間の最後の授業。今までの成長の成果として，立派な姿を在校生や保護者のみなさんに見てもらおうと一生懸命に練習に取り組んだんだ。中にはみんなと同じように（大変だな）と思う時もあったかもしれない。でも，その気持ちに打ち勝って一生懸命に練習に取り組んだんだ。だんだん立派な姿になっていってね。そして，卒業式の本番をむかえたんだ。」

T：「卒業生入場！と言って，体育館の扉が開いた瞬間，在校生がピシーッとした姿勢で6年生を迎えてくれたんだ。」

T：「先生はその雰囲気に圧倒されて，体育館に入った瞬間にジーンとしてしまったんだよ。」

T：「卒業生もとても立派な姿で卒業式にのぞんでくれたんだ。開会の言葉，国家・校歌斉唱，卒業証書授与と，シーンとした雰囲気の中で会が進んでいったんだよ。その雰囲気でね，保護者は感動して泣いている方もたくさんいたんだ。」

T：「そしてお別れの言葉。在校生がピシッとした態度で6年生に言

葉をかけてくれたんだ。でもね，中には泣き始める1年生がいたんだよ。」

T：「6年生の呼びかけになると，6年生は泣き始めたんだ。でも，一生懸命に自分の役割を果たそうと，泣くのを堪えながら呼びかけをしたり，合唱をしたりしたんだ。その姿を見て，在校生も先生方も保護者の方々もみんなが涙していた。本当に素敵な卒業式になったんだよ。」

T：「このような感動的な卒業式って，ざわついたり，動いたりした雰囲気の中でできただろうか？絶対にできないと思う。」

T：「卒業生も在校生も，お互いが感謝を伝え合う卒業式にしようと，姿で見せてくれたから感動的な卒業式になったんだと思うよ。」

T：「在校生は，みんなのために一生懸命に練習して卒業式を作ってくれるよ。みんなはそれに応えるためにどのようにこれから卒業式練習に取り組んで行きますか？」

このような話をしてから，どのように卒業式にのぞむか話し合います。「立派な態度でのぞむ」「感謝を姿で伝える」「成長した成果を見てもらう」など，子ども達が意見をあげてくれます。子どもから出た意見を大切にし，卒業式練習に参加します。

私が子どもにした話を長々と書きましたが，これは，あくまでも私の経験談です。担任が経験したことを思い出しながら話すことで伝えたいメッセージが伝わります。なぜ卒業式を大切にしたいか，教師が1人の人として子どもと向き合い，伝えることを大切にしています。

（4）　卒業式の動きの確認

ここからは，賛否両論が生まれる話になってくると思います。私は，形を整えることが賛成派の考えです。1つのご意見としてお読みいただけたらと

思います。

　卒業式の動きを確認し，何度も練習をします。

　その目的は，

・自信を持って卒業式に参加するため

・感謝を姿で伝えるため

です。最後の授業である卒業式です。その時の姿を堂々と自信を持って参加するために，何度も練習して形を整えることはとても大切だと考えています。しかし，厳しい言葉で形だけを整えても意味がありません。卒業式の意味を考えたり，どのような卒業式にしたいか話し合ったりし，「心」が育つように形を整えていきます。

○卒業式練習が始まる前

①練習の見通しを持つ

　練習が始まる前に２つのことを確認します。

　　・提案文書

　　・昨年度の卒業式の記録

　提案文書に目を通し，細かい動きや流れを確認します。そして，昨年度の動画や写真などを見て，動きや位置などの確認をします。この２つを確認しておくことで，見通しを持った卒業式練習にすることができます。

②動きや形を確認する

　動きは確認することがたくさんあります。

　　・座り方　　　・立ち方　　　・歩き方　　　・歩く場所　　　・目線

　　・礼の仕方　　・角の曲がり方　　・左足から出すか右足から出すか

　　・卒業証書のもらい方　・雛壇の上がり方

　　・歌を歌うときの卒業証書の持ち方

　　・雛壇に上がった時に体調が悪くなった時の座り方

　　・退場の仕方　　　　　　　　　　　　　　　　　　　　など

たくさん書かせていただきましたが，ここに書かれていないこともたくさんあると思います。細かいかもしれませんが，1つ1つ丁寧に確認することで，練習がスムーズに行き，子ども達の自信につながります。

③呼びかけをつくる

　色々なつくり方があると思いますが，私は次のようにして呼びかけをつくっています。

・子どもから使いたい言葉を集める

・今年の子達にあった言葉を選んで決める

・色々な人に見てもらう

　教師からトップダウンで決めてしまうのではなく，子どもの想いと大人の想い，そして関わってくれた人の想いを乗せて言葉をつくっていきます。

　卒業式では合唱を歌うと思います。合唱の間奏に呼びかけを入れることで，より想いの伝わる呼びかけにすることができます。

（5）　練習の仕方

　練習の仕方で心がけることは**子どもの心**を大切にすることです。担任が大切にしたいことや経験談など，子どもの心が動くように話をたくさんします。

　心を動かすために，担任だけでなく，今お世話になっている方やこれまでお世話になった先生にお話をお願いすることもあります。

　しないように心がけていることは2つです。

・**形だけを整えること**

・**できていないことを厳しく叱ること**

　形だけを整え，何もない時から厳しく接してしまうと，子どもが卒業式自体を嫌なものだと思ってしまいます。ですので，教えたことを意識して練習したことをポジティブに評価していくことが大切です。

　ただし，練習態度にリスペクトを感じられなかった時には厳しい声かけもしなければなりません。

（6）　友達同士で教え合い

　私は卒業式練習で，友達同士の教え合いも大切にしています。

　ある程度練習が進んだら，子どもを集め，

　「気になるところを練習して教え合いましょう。」

と伝え，卒業式練習の教え合いをします。

　子ども達はとても楽しそうな雰囲気で卒業式の教え合いをしてくれます。その楽しい雰囲気の中で，担任では伝えきれないことも教え合うので，子どもの動きがグッとよくなると感じます。

　また，呼びかけの練習でも教え合いはとてもよかったです。その時は男女別れて練習をしました。声が小さい子に優しい声をかけながら大きな声が出るように練習をしたり，一斉に声を出すときに揃える練習をしたり，自分たちの弱いところを考えながら練習しました。

　卒業式の目的がしっかりと共有されていると，楽しい雰囲気だけれど譲らないとても素敵な練習になります。

（7）　当日の心構え

　心を大切にし，形にこだわって練習にのぞんできました。一生懸命に頑張れば頑張るほど，子ども達は緊張します。

　ですので，失敗しても大丈夫という雰囲気を大切にします。私の先輩は，子ども達にこのような声かけをしていました。

> 練習は本番のように，本番は練習のように

　毎日の練習を大切にし，練習したことを自信につなげ，本番にのぞませます。私の後輩は，当日の朝，

を流して子どもをむかえていました。教室にはなんだか素敵な雰囲気が漂っていました。そして，子どもとの最後の時間を大切にし，いつもよりも楽しい雰囲気で子どもと過ごしていました。

　当日は，卒業式で失敗したり見栄えが少し悪くなったりしてもいいと思います。今まで練習してきたことを，成長したことを信じ，子どもとの最後の時間を楽しむことが大切だと感じます。

（8）　卒業式で大切にしたいこと

　卒業式の項目は，「何をするか？」というハウツーよりも「どんなことを語るか？」「どんなことを大切にするか？」というマインドのことを多く書かれていたと思います。

　今回ご紹介した「何をするか？」は少しの違いはあるかもしれませんが，どこの学校に行っても同じ，特別でないことばかりだったと思います。

　私が体験した卒業式でうまくいかなかった時も，感動的な卒業式になった時も実際に行ったハウツー的な部分はほとんど同じでした。

　では，何が違ったのか。

> うまくいかなかったときは，形だけを整えていた。
> 感動的な卒業式になった時は，子どもの心を大切にしていた。

ということだと思います。

　担任が思っていること，大事にしたいことを子ども達に伝え，子どもの心を大切にし，輝く未来に向かって成長できるような，羽ばたけるような卒業式にしていくことが大切だと考えます。

また，年度はじめに，卒業式に向けたゴール像についてお話をさせていただきました。卒業式は１年間の学校生活の集大成です。

　子ども達の姿勢，動き，声の出し方，礼の仕方，卒業式へ向かう心，卒業式に表れる姿が１年間の指導の成果だと考えられます。

　卒業式練習が始まってから指導したのでは間に合いません。１年間を通して，どのような姿に成長させ，どのような姿で卒業していくか明確にし，指導を積み重ねていくことが大切だと考えます。

（9）「卒業式」×「つながる力」

　卒業式は，小学校生活最後の授業です。ですので，指導者が「形を整えて立派な態度にしなくてはならない」という気持ちになると，ついつい厳しさが先行してしまう卒業式練習になってしまいます。もちろん，厳しさがなければ素晴らしい卒業式にすることはできません。しかし，

> つながることのできる最後の時間

と考えることもできます。

　卒業式練習や卒業式本番を通して，子ども達がこれまで培ってきた子ども同士のつながり，子どもと教師のつながり，子どもと学校のつながりを味わいながら，取り組むことで，子どもにとっても教師にとってもかけがえのない時間にすることができると考えます。

まとめ

①どんなことを大切にする卒業式にするか向き合う
②最後の時間を大切にする

6　学級じまい

（1）　学級じまいは何のため？

「学級じまいでどんなことをしますか？」

年度末が近づくとよく聞かれる言葉です。1年間一緒に過ごしてきた子どもとのお別れです。私自身も，周りにどのような学級じまいをするか聞くことがよくありますので，そのお気持ちはよくわかります。しかし，学級じまいでは，「何をするか」よりも大切にしたいことが

> **子どもと一緒に過ごす最後の時間を噛み締めてよいお別れにする**

です。ですので，「何をするか」決める前に，

・子どもの1年間の成長を喜び合うこと

・子どもの新たなるスタートに希望を持ってもらうこと

・担任が子ども達に感謝を伝えること

とじっくりと向き合うようにしています。これは，あくまでも私の考え方です。お別れするみなさん自身が，目の前の子どもとの最後の時間でどのようなことを大切にしたいか向き合うことが大切です。

（2）　学級じまいで何をする？

学級じまいでよくすることが

・手紙を書くこと

・思い出ムービーをつくること

・プレゼントを渡すこと

・お礼のメッセージを伝えること　　　　　　　　　　　　など

です。何をするかに正解はありません。子ども達とどのようにお別れをした

いか考え，することを決めていくことが大切です。

（3）　私が大切にしていること

　私が若手の頃，「いつまでも忘れないでほしい」と，思い出に残る教師になりたいと思っていました。そのために，子ども達のお別れが近づくと，忘れないで欲しいという気持ちから，楽しいお別れ会をしたり思い出に残るプレゼントをしたりしました。

　もちろん，思い出に残る先生になることはとても素晴らしいことだと思います。ただ，それは子ども側の心の中に自然と残ることが大切であると考えます。教師側が，「心に残ってほしい」という強すぎる思いで子ども達とのお別れをしてしまうと，かえって子どもを不幸にしてしまいます。
　今の私は「少し寂しいけれど，私のことを忘れるくらい未来が輝いてほしい」という考えを大切にしています。そうすることで，子どもとの別れに自分のエゴが入らず，子どものためのお別れの式としてのぞめるようになりました。

（4）　こんなお別れをしています

　卒業式が終わりいよいよ学級じまいの時間です。子ども達に卒業式や1年間の思い出を一人一人思いを受け止めながら聞きます。笑顔で話す子もいれば，涙ぐみながら話す子もいます。子ども達の気持ちを聞くことのできる，本当に素敵な時間です。

　最後に担任が話をします。

> 「正直なところ，先生は（いつまでも忘れないでほしい）って気持ちがあるよ。でもね，みんなの心にいつまでも残っているよりも，もっと大切にしたい想いがあるんだ。それはね…」

「みんなの将来が輝くことなんだ。少し寂しいけれども，先生のことを忘れるくらい，素晴らしい出会いをして，今年を忘れるくらい素晴らしい経験をして，みんなの未来が輝いてほしいと思っているよ。」

「今年成長したことは，みなさんがこれからやってくる素晴らしい人生や大変な経験の支えになるはずです。自信を持って，みなさんの人生を歩んでください。」

「でもね，これから先，辛いこと，泣きたくなること，逃げ出したくなることがあるかもしれない。そんな時，自分が一人ぼっちだと思わないでください。少なくともみんなと一緒に過ごした先生は，いつまでもみなさんの味方です。遠慮なく頼ってくださいね。」

「そんな時，みなさんの心の支えになったらと思って，プレゼントをつくりました。これは，みなさんが1年間かけて身につけた素晴らしい力です。この力を元に，みなさんが将来活躍する人になることを願っています。」

「この1年間は，先生にとって本当に素敵な1年になりました。皆さんと一緒に過ごした日々を胸に，これから出会う子にとって，素敵な先生になれるよう，先生も頑張ります。本当にありがとうございました。」

教師ではなく，1人の人として，正直な気持ちを語り，子どもとのお別れを大切にできるよう心がけています。

次頁の色紙は，年度はじめに伝えた1年間を通して身につける力を修了証書として書いたものです。一人一人心を込めて書きました。卒業生が遊びに

来ると，「あの色紙，今も飾ってあります！」と言ってくれます（笑）。

（5）「学級じまい」×「つながる力」

　1年間を通して，子ども達のつながる力は大きく成長しました。1人の人としてその成長を喜び，その力をもとに人生を豊かにしてくれることを願いながらお別れすることを心がけています。

　この1年間で教師と子どものつながりもできました。私は「いつまでも忘れないでね」と，子どもとのつながりをこちらから求めすぎないようにしています。「いつまでもあなた達のことを想っているよ」というメッセージは伝えますが，こちらの想いは伝わらないかもしれません。それでもいいと思います。**子どもへの片思いを一生続ける。**そんな感覚を大切にしています。

> **まとめ**
>
> ①子どもとのお別れを大切にする
> ②子ども達の幸せを願う

あ と が き

「現在，（私は）幸せである」

　私は14ページにあるこの質問を見た時に非常に悩みました。「全くそう思わない」ではないものの，「非常にそう思う」と答えきれません。「どちらとも」よりは少し上だけれど，「そう思う」ほどでもありません。

　家族と一緒に過ごす時間はとても幸せです。学級で子どもと授業しているときに生きがいを感じています。
　そんな私ですが，現在「私は幸せか」と問われれば，あいまいにしか答えることができませんでした。

　人とつながる力をえらそうに語る私は，自分の日常生活で人とのつながり方に悩んでいます。子どもの将来を明るくしたいにも関わらず，自分のこれからの人生やキャリアを切り拓ける自信がありません。日本人のつながりの特徴を理解したとしても，やっぱり私は家族とのつながりがほとんどで，職場の人間関係も同じ学校の人が多く，閉じられた関係です。

　幸福感の基盤となるような人間関係をつくる力を引き出し育てる学級経営を目指す私が，感じている幸福感もそこそこで，人間関係をつくる力も決して高いとは言い切れません。
　（そんな私が本当に教師をしていいのかな？）
　そんなことをどうしても思ってしまいます。

しかし，人は誰しも完璧ではありません。教師である私ができていないのであれば，

> 　目の前の学級の子と一緒に，人とつながる力を成長させ，子どもと一緒に幸福感を感じられる人生を切り拓いていけばいい

そう考えるようにしています。

　私がかつて担任して再会したあの子は，つながる力を最大限に生かし，幸せに向かう人生を歩んでいると言えるでしょう。その子とともに歩んだ1年間のように，目の前の子やこれから出会う子と一緒に幸せな人生を目指し，成長していきたいと考えています。

　今回，赤坂真二先生や『学級経営365日ガイドブック』シリーズの執筆陣と出会うことができました。これは，私がこれまでに身につけた，人とつながる力の成果なのかもしれません。私はもともと人とつながる力が高い人間ではありません。つながる力をいつ身につけたか実感はありませんが，家庭や学校をはじめ，私と関わってくれた人のおかげで人とつながる力が身につけられたのだと思います。私につながる力を身につけさせてくれたこれまでのすべての出会いに感謝し，私の力をこれから出会う人のために生かし，幸せな人生を歩むお力添えができたらと思っています。
　そう思うと，私，幸せなのかもしれません（笑）。

　最後に，本書を最後まで読んでくださりありがとうございました。読者のみなさまと，みなさまに関係するすべての人の幸せを心から願っています。
　これからも共に幸せな人生を目指し，共に学んでいきましょう。

髙橋朋彦

【著者紹介】

赤坂　真二（あかさか　しんじ）

1965年新潟県生まれ。上越教育大学教職大学院教授。学校心理士。ガイダンスカウンセラー・スーパーバイザー。日本学級経営学会（JACM）共同代表理事。19年間の小学校勤務では，アドラー心理学的アプローチの学級経営に取り組み，子どものやる気と自信を高める学級づくりについて実証的な研究を進めてきた。2008年4月から，これから現場に立つ若手教師の育成，主に小中学校現職教師の再教育にかかわりながら，講演や執筆を行う。

[著書]

『個別最適な学び×協働的な学びを実現する学級経営』（明治図書，2022年）

『指導力のある学級担任がやっているたったひとつのこと』（明治図書，2023年）　他多数

髙橋　朋彦（たかはし　ともひこ）

1983年千葉県生まれ。現在，千葉県公立小学校勤務。文科省指定の小中一貫フォーラムで研究主任を務める。市教育委員会が主催する初任者研修や若手研修で，算数や数学の授業公開をし，講師を務める。教育サークル「スイッチオン」，バラスーシ研究会，日本学級経営学会などに所属。算数と学級経営を中心に学ぶ。

[著書]

『図解ポイント早わかり算数授業研究』（明治図書，2022年）

『ちょこっとスキルシリーズ』（明治図書，2022年）　他多数

人間関係形成能力を育てる

学級経営365日ガイドブック　6年

2024年3月初版第1刷刊	©著　者	赤　坂　真　二
		髙　橋　朋　彦
	発行者	藤　原　光　政
	発行所	明治図書出版株式会社

http://www.meijitosho.co.jp

（企画）及川　誠（校正）安田皓哉

〒114-0023　東京都北区滝野川7-46-1

振替00160-5-151318　電話03(5907)6703

ご注文窓口　電話03(5907)6668

＊検印省略　　　組版所　長野印刷商工株式会社

本書の無断コピーは，著作権・出版権にふれます。ご注意ください。

Printed in Japan　　ISBN978-4-18-372627-8

もれなくクーポンがもらえる！読者アンケートはこちらから